本人も介護する人も救われる!

認知症の〇〇〇〇〇〇法

まず、こうしてみよう!
こうも、してみよう!

医療法人マックシール 異病院介護老人保健施設 元・介護部長
認知症ケア上級専門士

平野 亨子・著

ひかりのくに

どうして？ あばれるの…

プロローグ **どうしたらいいのか分からない!!**

まずは次のページへ

よくある⑯症状…対応方法

どうして？ どうして？ どうして？

※BPSD (Behavioral and Psychological Symptoms of Dementia) とは、認知症の行動・心理症状のことで、かつて「問題行動」と呼ばれていました。

認知症の方への向き合い方でBPSD

プロローグ

認知症のAさん

介護職中心の視点を

困ったAさんから

- どうせ何も分からない…
- また、文句を言っている…
- 関わりたくない
- 認知症なんだから仕方がない

「認知症」そのものに目が向いている

「認知症なんだ」というレッテルを貼っている

最近の考え方や実践対応方法

- パーソン・センタード・ケア
- ユマニチュード
- バリデーション

どれも「その人」を大切にしているという共通点

（行動・心理症状…かつての「問題行動」）を軽減できる！

ご本人中心の視点に変えよう！　阿部一郎さんという個人

困っている阿部一郎さんへ

- どんな方かな？
- どんな生活を？
- なぜそのような行動を？
- どんな気持ちなんだろう？

その人、その人となりに視点を移す

その人、個人として尊重して見る

とは言うものの…
今、困っていることへの対応も　次頁

解決のための基本姿勢

- 認知症の方が何かに困っていて、私たち介護職に何かを訴えているのだろうと思い、接してみる。
- その方の思いを考えてみる。◎その方の立場で「なぜ？」と考えてみる。
- その方を知ろうと思って、いろいろと工夫しつつ、向き合う。
- 介護する側の都合ではなく、その方の「したい生活」「したいこと」は何かを考えつつ、対応方法を探る。

前頁より とっさにBPSD（行動・心理症状）が見られたときは！

→ 本書ではそこにもスポットを当てました。

↓

「まず、こうしてみよう！」「こうも、してみよう！」として、経験豊富な認知症ケアを知悉した平野先生による、「まずの対応例」を掲載しています。

「平野式」ケアの極意!!

私の経験から…

現場の経験が豊富な平野先生ならではのワンポイントコメント。
（まとめとして「具体的にケアに活かせるエピソード」も）

そして	対応が、その場しのぎで終わらないように**理由と対策**について考える！

適切な対応のために立ち止まって考えるヒントをピックアップ。

解決策のポイントを、まずひと言で！理解を深め実践で活かす。

分かりやすいイラストとともに解決策を具体的に！

常に見ておきたい
基本的なケアの流れや解説は…P.107〜126

平野亨子の認知症ケア講座

困ったときに利用者とどう向き合うか などを読み取ってください。

ここを何度も参照しながらケアに取り組もう！

この本で、今、困っている介護職の方が、何か糸口を見付けて、明日からやってみようと思ってくださることを願っています。

はじめに

利用者（認知症の方）の困っているあなたへ

　この本は、今、介護現場で認知症の方の対応（特にＢＰＳＤへの対応）で困っているあなたに読んでいただきたいと思っています。認知症介護は大変難しく、だからこそ、皆さんが勉強し、知識に基づいた介護が求められるのです。

　人は、二人として、同じ人生を送っている人はいないですし、同じ性格の人はいません。一人ひとりの人生が違うように一人ひとり介護の方法は異なります。認知症の方の対応方法は、認知症の方の心の中にあります。そして、そのことに気付き導き出していくのは、この本を読んでくださっているあなたなのです。

　この本では、具体的にどのようにすればよいのかという考え方や方法をお伝えしていきたいと思っています。そして、それが認知症の方の笑顔と皆さん自身の笑顔を取り戻すことに少しでもお役に立てると信じています。

　今日読んだから明日からすぐに対応方法が分かり、認知症の方のＢＰＳＤが減少するわけではありません。皆さんの認知症の方に対する考え方が変わることによって、明日から実践できる対応方法が見えてくるのではないでしょうか。

　この本が少しでもお役に立つことを願っています。

　　　　　　　　　　　　　　　　　　　　　　　平野　亨子

もくじ

プロローグ
- 認知症の方への向き合い方でBPSDを軽減できる！ ……………… 2
- とっさにBPSDが見られたときは！ …………………………………… 4
- 対応が、その場しのぎで終わらないように理由と対策について考える！ ‥ 5

はじめに ……………………………………………………………………… 6

Ⅰ 認知症のBPSDどうしよう？

❶ 食事をひっくり返す！（食べない・食事が進まない）……11
…どうして食べようとしてくれないの？

どうして食べてくれないの！　いったいどうしたら？

➡ 食習慣や環境を尊重するとともに内臓疾患を疑う。

❷ 身の回りにある物を何でも口にする！（異食）………17
…手元にある物は全て食べられると思うの？

わ～ダメダメ、それは食べ物じゃないですよ！

➡ 慌てない、怒らない、そして救急対応。

❸ お風呂に何日も入らない！（入浴嫌い）………………… 23
…気持ちが良いのにどうして入らないの？

いつになったら、入ってくれるの！

➡ 入浴習慣と嫌がられる理由を探る。

❹ うんちを素手でいじる！（弄便(ろうべん)）………………… 29
…何でそんなことするの！　便をいじっても汚いと思わないの？

田中さんがうんこを塗りたくっている！

➡ 排せつパターンを把握して誘導する。

もくじ

❺ 強く帰りたいと訴える!（帰宅願望） ･･････････････ 35
…ここにいることになったのが分からないの?

夕刻になると必ず、帰りたがる!

➡まず、ご本人の話を聞きその言葉の背景を考え、理由を探る。

❻ 職員の目が届かないときに出て行こうとする!（徘徊）･･ 41
…すぐいなくなるから目が離せない?

大変だ! 山田さんがどこかへ行こうとしている!!

➡出掛けたくなる理由を考え探る。

❼ 大声でけんかをする!（暴言・暴力）･･････････････ 47
…ささいなことでどうしてそんなに騒ぐの?

二人とも、落ち着いてくださ〜い

➡警戒心を抱かせないようコミュニケーションでご本人の思いを聞く。

❽ 突然誰にでも抱き付く!（性的行動）･･････････････ 53
…異性に関心があるのは?

何で、私に抱き付くの?

➡はっきりと断り、なぜそんな行動になるのか理由を探る。

❾ いつもテーブルにうつ伏している!（うつ傾向?）･･･ 59
…じっとしていて反応しないのは?

なぜ何もしてくれないの? 何もしたくないの? このままでいいの?

➡無気力の理由は何かを探り、利用者の気持ちに寄り添う。

❿ 何度も盗られたと訴える!（物盗られ・被害妄想）･･･ 65
…手元にないと盗られたと人を疑うのは?

職員が盗るわけないのに…

➡訴えに真摯に向き合い信頼関係を築く。

⓫ 誰か全く分からなくなる!（見当識障害）・・・・・・・・・・・・・・・・71
…家族も介護スタッフも区別が付かないの?

> いつも、私のことをお孫さんと間違って…

➡ 思い込みを否定しないで話を聞く。

⓬ 実際にいない人を「いる」と言う!（幻覚）・・・・・・・・・・・77
…介護スタッフを何度も呼ぶのは寂しいから?

> 見知らぬ男の人が部屋にいると言い張る!

➡ 思い込みを否定しないで話を聞く。

⓭ 全然寝付かない!（不眠）・・・・・・・・・・・・・・・・・・・・・・・・83
…寝ている時間なのに起きてくるのは?

> こんな夜中に!　もう少し、寝ていてよ!

➡ 睡眠パターンを調べ、不眠の理由を探る。

⓮ 怒ってあばれる!（不穏）・・・・・・・・・・・・・・・・・・・・・・・・89
…つえを振り回すので持たさない方がいい?

> 危ないのに、なぜつえを振り回すの!

➡ 落ち着くのを待ち、行動に至った理由を探り、その思いに共感する。

⓯ 座っていてもすぐに立ち上がろうとする!（不安）・・95
…ちょっとの間でもじっとできないの?

> 座っておられず、すぐ立ち上がろうとする!

➡ 止めるのではなく、立った後のご本人の行動を見守り理由を探る。

⓰ いつも机をたたいて音を出している!（耳障りな音を出す）・・101
…机を手でたたくのはどうして?

> うるさいから、机をたたくのをやめて!

➡ 寄り添って理由が何かを探る。

もくじ

Ⅱ 認知症ケアの基本とお役立ち情報＆知識

平野亨子の認知症ケア講座 ……………………………… 107
…現場から学び、実践しよう！

① 認知症・BPSDについて知っておこう！…………………… 108
② 認知症ケアの基本・ケアを考えていく手順表 ………… 110
③ ②の手順表内、あ・いを考えるために …………………… 111
④ ②の手順表内、う・えを考えるために …………………… 113
 A. 典型的な症状で考える ………………………………… 113
  ⓐまず、Aさんにとって「家」とはどのような意味があるのでしょうか？‥ 113
  ⓑAさんにとっての家を探るためには、いろいろな方法があります。‥ 113
   アセスメントの視点（図）……………………………… 114
  ⓒ観察とは …………………………………………… 115
  ⓓ情報から理由を考える …………………………… 115
  ⓔアセスメント全体を考えるために ……………… 115
 B. 認知症の捉え方…ケアや支援の方法の考え方として … 116
  ⓐパーソン・センタード・ケア …………………… 116
  ⓑ認知症とともに生きる人の心理的ニーズ（図）………………… 117
⑤ ②の手順表内、え・おを考えるために …………………… 118
 え「支援方法を考える」ときに知っておきたい視点など（P.110のえに対応）‥ 118
 お「実践する」に当たって知っておこう（P.110のおに対応）………… 120
⑥ ②の手順表内、か・きを考えるために …………………… 122
 ケアカンファレンスをホワイトボードを使って行ってみましょう！ … 122
 ケアに困ったらコレ！ 魔法のシート！（「センター方式C-1-2」のシートを使ってみよう！）‥ 124
 魔法のシートの記入例 ……………………………… 126

最後に　〜この本を読んでくださった方へ〜 ……… 127

認知症のBPSDどうしよう？-①
食事をひっくり返す！
…どうして食べようとしてくれないの？

●食べない・食事が進まない●

どうして食べてくれないの！ いったいどうしたら？

「食べない」には、精神と肉体のどちらか、あるいは両方に理由があります。

村田さん
女性88歳　要介護3
食べ物が認識できない「失認」（P.14参照）の傾向が見られる。

➡食習慣や環境を尊重するとともに内臓疾患を疑う。

あなたなら、どうしますか？

まず、こうしてみよう！　【声掛けと対応】①

村田さん、お食事の時間ですよ！
一緒にいただきましょうね。

※手をつけない場合には匂いを嗅いでもらったり、少し口元に持っていったりします。「食事」と認識していない場合があるので、目の前で食べて見せたりするのもよいでしょう。

声掛けと対応

「栄養があるので残さないでね」
「食べないと元気になりませんよ」
「早く食べてくださいね」

「今日の献立は〇〇ですよ」
「気分は悪くないですか？　いただきましょう」
「お魚はお好きですか？」

こうも、してみよう！ 【声掛けと対応】②

体調が悪いのですか？
あまり食欲はないのですね。
今は、あまり食べたくないのですね。

うん
今は食べたくない…

もう少ししてから、またお声を
掛けさせてもらっていいですか？

※過剰な声掛けはストレスとなる場合があるので、見守る気持ちで接しましょう。特にミキサー食などは食べる物を具体的に言うと食欲が湧いてくる場合もあります。

これらの「まずの対応」から → その方のBPSDの理由は何か？を探ろう！

- 情報の収集（アセスメント）→ P.124：魔法のシート参照。
- 観察・記録などを続けて理由を探り対応を！
- P.110～の認知症ケアの基本なども参考に。

次頁で考えましょう。

I-① 食べない・食事が進まない

考えてみよう! その場しのぎにならないように、理由について考えてみると…

なぜだろう?

- 飲み込めない・かめない
- 気が散って食事に集中できない
- 抑うつなどで食欲が湧かない
- 体調が悪くて食べられないなどの意思を伝えられない
- 「失認」(物を認識できない状態)や「失行」(運動や動作ができない状態)で食事が理解できない

私の経験から…

3食が当たり前と思っていませんか? 食習慣は人によってそれぞれ異なり、一人暮らしが長く朝昼兼用の2食の方や戦争を経験してこられた方の中には1日2食の方もおられます。そうした方は施設・事業所などの決められた時間に食欲が湧かないし、欲しくないというのは当たり前かもしれません。よくアセスメントしてその方の食習慣を知り、施設や事業所がどこまで合わせられるか検討しましょう。

こうすれば解決へ

予防と対策例

利用者の食事習慣を尊重！

食事時間や内容を確認し、食材なども工夫するようにしましょう。

口の中のチェックを忘れずに

体調（便秘など）を確認する

食事に時間が掛かっても焦らない

食事環境を変えてみる（席替えや外食など）

無理やり食べさせない

※ご本人が急激に痩せたり体調に変化があったりした場合、医療職と相談することが重要です。

Ⅰ-① 食べない・食事が進まない

具体的にケアに活かせるエピソード

便利さや食べやすさなど思い込みで食事を提供しない!

91歳の良いお家柄の奥様のDさん。食事を口にしないと職員が相談に来ました。食事は普通食でスプーンとフォークが付いています。「なぜ、スプーンとフォークなのだろう?」と問うと、高齢で目も悪いので、前の施設と同様にスプーンとフォークがよいと思って……と職員。私は一度お箸を出してみてと提案しました。多くの職員は危険だと反対しましたが、家族様に自宅で使っていたお湯飲みとお箸を持参していただきました。すると、ご本人は大変上手にお箸で食事を始めたのです。御飯粒一つ残らずきれいに召し上がりました。それを見ていたご家族様は、涙して「人として扱っていただいていてありがとうございます」と私に感謝を述べられました。

I 認知症のBPSDどうしよう？-②

身の回りにある物を何でも口にする!
…手元にある物は全て食べられると思うの?

異食

わ〜ダメダメ、それは食べ物じゃないですよ!

異食
食べられる物とそうでない物との区別がつかず、何でも口の中に入れる行為。

山川さん
男性85歳。要介護度4
失認や見当識障害(自己の置かれている状況の認識ができない状態)が見られる。

→慌てない、怒らない、そして救急対応。

あなたなら、どうしますか?

まず、こうしてみよう！　【声掛けと対応】①

おなかがすいているのですか？
では、おやつを食べましょうね。

声掛けと対応

✗「それは食べ物ではありません！」
　「何でこんな物を口にするの？」
　「おなかを壊すから駄目ですよ！」

○「何を食べられたのですか？　おいしかった？」
　「歯磨きをしましょうね」

こうも、してみよう！　【声掛けと対応】②

飲み込みにくいですか？
出してみましょうか？

後で歯磨きを
しましょうね。

これらの「まずの対応」から → その方のBPSDの理由は何か？を探ろう！

- 情報の収集（アセスメント）→ P.124：魔法のシート参照。
- 観察・記録などを続けて理由を探り対応を！
- P.110〜の認知症ケアの基本なども参考に。

次頁で考えましょう。

Ⅰ-② 異食

考えてみよう! 手近な物を何でも口に入れてみようとする。

なぜだろう?

寂しさや不安、ストレスを感じている

おなかがすいている

味覚が低下している

満腹中枢の障害がある

見た目で味などが識別できない

何もすることがなく、食べることを思い付いただけかも

※失認と判断力の低下によって「これは食べ物なのか、そうじゃないのか」を判断できなくなっています。

私の経験から…

異食があるからと何もかも取り払ってしまうのはどうでしょうか？ 利用者の生活空間（環境）をどのように整えるかが大きな課題です。一度、大変なことが起こったからと言ってすぐにそのものを撤去するのではなく、どうすればご本人が認識できるのか、工夫はできないのか考えていくことが大切です。

こうすれば解決へ

予防と対策例

利用者の環境を考えてみよう!

どんな場合でも健康を害するおそれがあるため、飲み込んでしまった場合には自己判断で処理せず、医療職へ報告し指示を仰ぐことが必要です。

- 慌てない、怒らない
- 体調面に気を配る
- 食事(少しずつ)の回数を増やす
- ストレスを取り除く

環境を整える(ご本人の生活にとって必要な物はどうすればよいかを考える)

どのような物を口にする? 気を付けて置き方の工夫などを

紙、ティッシュペーパー、トイレットペーパー、新聞紙、オムツ、花、薬のシート、空き袋、植木鉢の土、ペットボトルの蓋、石けん、ハンドソープ、たばこ、空き容器、床のゴミやほこり、消しゴム、鍵、墨汁、便　など。

Ⅰ-② 異食

具体的にケアに活かせるエピソード

リスクに対する工夫で利用者の希望をかなえて！

　お化粧が好きなＥさんに、入所の際、化粧品を持って来ていただきました。ある日、Ｅさんが乳液を飲もうとされていたのを職員が見付け、危険だからと取り上げてしまいました。ご本人は大変ご立腹で、自分の不安を訴えて来られました。化粧品はご本人にとって生活の一部なので、職員と一緒に考えて次のような案を出しました。①「化粧品は預かっていますので必要なときは声を掛けてください」と張り紙で示す。②お化粧をする時間に職員が持参して声を掛ける。③万が一飲んでも体に影響の少ない物にする。④少しだけ入れておき少なくなったら声を掛けてもらう。結局、①・③・④を組み合わせ、職員に余裕のあるときは②に。職員がうっかりしているときはご本人から声が掛かるようにしました。しばらくして「ありがとう！」と感謝の言葉が返ってくるようになりました。全て取り上げるのではなく、どうすれば、ご本人の思いがかなえられるか、考えることが必要です。もちろん、ご家族様の了解を得て行いました。

Before **After**

認知症のBPSDどうしよう？-❸
お風呂に何日も入らない！
…気持ちが良いのにどうして入らないの？

入浴嫌い

いつになったら、入ってくれるの！

風邪を引くから、今日は結構です。

高齢になると、入浴が面倒で疲れると感じている人が多いものです。

山本さん
男性80歳、要介護度3
失行や失認が見られる。

➡ 入浴習慣と嫌がられる理由を探る。

あなたなら、どうしますか？

まず、こうしてみよう！　【声掛けと対応】①

お風呂の準備ができていますが、今、お風呂に入ることはできますか？

※お風呂に入れる状況であるかが大きく左右します。覚醒している状況かどうか確認しましょう。

声掛けと対応

✗
「今日は絶対入ってくださいね」
「体調は大丈夫ですよ」
「お熱もないようですから入れます」

○
「お風呂に入りたくないのですね」
「体調が悪いのですか？」

こうも、してみよう！ 　【声掛けと対応】②

じゃあ、今日はやめて、明日にしますか？

なぜ、そんなにお風呂ばかり言うの？

※時間を空けて再度誘ってみます。今日が駄目なら明日にするぐらいの気持ちになりましょう。

これらの「まずの対応」から → その方のBPSDの理由は何か？を探ろう！

- 情報の収集（アセスメント）→ P.124：魔法のシート参照。
- 観察・記録などを続けて理由を探り対応を！
- P.110〜の認知症ケアの基本なども参考に。

次頁で考えましょう。

Ⅰ-③　入浴嫌い

> **考えてみよう!** 無理やり入浴させたことはありませんか?

> お風呂に入って欲しいという思いは誰のため…?
> 何がお風呂に入らない理由なのか、ご本人とじっくり向き合って探していきましょう。

誰かに見られ裸になるのが恥ずかしい

浴室が滑りやすく不安

服の着脱がうまくできない

入浴そのものが理解できない

なぜだろう?

邪魔臭い、面倒だ!

脱いだ服を盗まれると思う

こんな信用できない人の前で裸になんてなれない

私の経験から…

あなたは信用できない人の前で裸になれますか? 介護職が仕事を遂行するためお風呂に入るのは当たり前と思っていると利用者の心は動きません。利用者に「なぜ、いつもお風呂ばかり言うの?」と不信感が生まれると、さらに信頼関係が崩れていきます。利用者と介護職の間に信頼関係を構築することが大切です。

こうすれば解決へ

予防と対策例

入浴習慣を知る

これまでどこで？ 何時頃？ などをまず知ること。その習慣を知ったら、できる限りその習慣の時間に入っていただくように環境を整えましょう。

無理強いしない

なぜ嫌がるのか、その理由を聞く

常に声掛けをして信頼関係を築く

入浴する気になるタイミングを見付ける

Ⅰ-③　入浴嫌い

具体的にケアに活かせるエピソード

入浴する方法を忘れた方には1対1で着脱から根気良く

　1年近く自宅で入浴していなかったKさんは、入所後2か月過ぎても入浴できていませんでした。自宅で入浴されていなかった理由と入所後の理由は違うのだろうということが推測できました。自宅で既に一人で入浴する方法が理解できないようになっていたのではないか……ゴミ屋敷のようになっていたと聞きましたので入る環境ではなかったようです。在宅時に一人暮らしだったということから、大勢での入浴が受け入れられないのではないかと考えました。そこでほかの人が誰もいない状況の1対1でお風呂に誘ってみました。すると少し思い出してくださったのか上衣は脱ぎ出してくれました。しかし、その日はそこまで。着替えをするということを数回繰り返し行いました。その後、Kさんがおっしゃった言葉は「こんなガリガリの体を見られたくない！」でした。介護職は衣服を脱ぐと同時にバスタオルを体に巻き付け入浴をするようにしました。その後はご自分でそのようにしながら入浴されるようになりました。

Ⅰ 認知症のBPSDどうしよう？-④

うんちを素手でいじる！
…何でそんなことするの！
便をいじっても汚いと思わないの？

弄便（ろうべん）

田中さんがうんこを塗りたくっている!!

弄便
自分の排せつした便をいじり、壁や床などにこすり付ける行為。

田中さん
男性86歳　要介護度3
周りの状況を把握することが難しい認識障害「失認」が見られる。

➡排せつパターンを把握して誘導する。

あなたなら、どうしますか？

考えてみよう! その場しのぎにならないように、理由について考えてみると…

なぜだろう？

排せつ後に出た物が気になり確認のため触れてみる

便を便だと理解できない

便失禁に対する羞恥心

自分でどうにかしようとして、手に付いた物を身近な物で落とそうとする　など

オムツに排便して不快感を抱く

私の経験から…

排便は人によって違いはありますが、おおよそ1日に1回〜2回がほとんどだと思います。その方の排便の時間を把握することで、その時間にトイレに誘導すれば、ご本人が困る状況をつくらないことになり弄便（ろうべん）は防げるでしょう。

こうすれば解決へ

予防と対策例

弄便(ろうべん)は介護職の責任

その行動を防ぐには事前の対応が大切です。

利用者のサインに気付く(見守り)

排泄パターン(排便時間など)を把握し、トイレへ誘導する

不快感を取り除くようにする

Ⅰ-④ 弄便

具体的にケアに活かせるエピソード

気付きの遅れを反省して同じ過ちを繰り返さない

　お金を持っていないと不安だということで、数枚のお札の入ったバッグを持参してデイサービスに来られる方がいました。トイレに行かれるときは必ず職員が付き添っていたのですが、ある日、職員が気付かない間にトイレを済ませて出てこられました。ご自分で便を拭かれて、出てこられた様子でしたが、その手には便が付いており、「おかしいな」と思ってカバンの中を見るとお札がなくなっていました。トイレットペーパーの認識ができず、手元に紙(お札)があったので拭かれたのでしょう。もう少し早くに気付いていれば……私たちは深く反省して、お一人おひとりのトイレ誘導のタイミングについて話し合い、見守りを徹底するようにしました。

Before **After**

Ⅰ-④　弄便

認知症のBPSDどうしよう？－⑤
強く帰りたいと訴える！
…ここにいることになったのが分からないの？

帰宅願望

夕刻になると必ず、帰りたがる！

もう、家に帰ります！

夕暮れ症候群
1日の中で夕刻にかけて症状が起こりやすく、こう呼ばれることもあります。

松本さん
女性79歳　要介護度3
BPSDの中でも多く見られる症状の一つです。

→まず、ご本人の話を聞きその言葉の背景を考え、理由を探る。

あなたなら、どうしますか？

まず、こうしてみよう！ 【声掛けと対応】①

どうかしましたか？

家に帰らないといけないのですね。

家に帰らないと…

声掛けと対応

✗
「どうして帰りたいの?」「どこの家に帰るの?」
「家に帰っても誰もいませんよ!」
「ここが○○さんの家ですよ!」

○
「おうちに帰らないといけないのですね?」
「おうちにはご用があるのですよね」

こうも、してみよう！ 【声掛けと対応】②

家に帰らないといけないのですね。

何かご用があるのですか？　　家に帰らないと…

　　　　　　　　夕飯を作らなきゃいけない。

松本さんが夕飯を作らないとどうなりますか？

大変なことって？　そりゃ大変なことになるわ。

　　子どもたちがおなかすかして待ってるから、
　　私が帰って作ってやんなきゃ大変だ！

お子さんが待っておられるのですね。どんなお子さんですか？

- 家に帰りたい思いに共感しつつ、話を聞く。
- ご本人の思いを十分に聞いた段階で、「ちょっとお茶を飲みましょうか」というひと言を入れると、同じ思いを共有する仲間という雰囲気になり、少し落ち着かれるかもしれません。

3人いてね、…………

※このように、気になっていることの話を聞いていきます。

これらの「まずの対応」から → その方のBPSDの理由は何か？を探ろう！

- 情報の収集（アセスメント）➡ P.124：魔法のシート参照。
- 観察・記録などを続けて理由を探り対応を！
- P.110〜の認知症ケアの基本なども参考に。

次頁で考えましょう。

Ⅰ-⑤　帰宅願望　37

考えてみよう!

なぜ「帰りたい!」のか、その背景に目を向けると…

なぜだろう？

「私だけじっとしていては悪い」
「お邪魔だから失礼しないと」

夕刻近くになるとスタッフの慌ただしい出入りなどの雰囲気が伝染する。

「夕方は忙しい!」
「のんびりしている場合じゃない」

普通の生活では夕方は忙しい時間。かつての習慣、体内サイクルで帰ろうとする。

自分がここにいていいという思いにならない

することがない。何のためにいるのかが分からない。

人から必要とされていないと感じている

「なぜ自分がここにいるの?」
「今いる場所はどこ?」

認知機能の低下で不安になってソワソワしだす。

私の経験から…

「家に帰りたい」という言葉がそのまま「家に帰りたい」でないことがほとんどです。その言葉の奥にはいろんな思いがあります。そのときご本人はどのような思いでいるのだろうかとご本人の視点で考えると多くの要因が見えてきます。

こうすれば解決へ

予防と対策例

まずご本人の話を聞く（受け入れる）

大変難しいことですが、今の場所が安心して過ごせることを伝え、そのように感じてもらえるよう対応します。

一旦ご本人の気持ちを受け止める

ここにいてほしい、いていい場所なのだと感じてもらえるような対応をする

気持ちに共感する

「つらい思いをしているのですね」
「ここにいたくないと思っているのですね」

できること、得意なことを行える環境を整える

安心できる居心地いい環境を整える

具体的にケアに活かせるエピソード

「帰ります!」の本当の意味を知ろうとすることにもつながる事例

　デイサービスに来られているGさんは、いつも「ゴルフに行ってくる」と言って外に出ようとされます。最初は「希望をかなえるためにゴルフ計画を立ててみよう」と思いましたが、本当にゴルフに行きたいのか、その言葉の中にあるGさんの思いを考えてみることにしました。センター方式の24時間シートに家での様子を記入していただくようご家族に協力してもらいました。ご本人が自ら進んで14時に家の庭掃除や植木の手入れをし、活き活きとされているようです。そこで14時に施設の屋上の庭掃除と植木の手入れをお願いしました。お話をしながら一緒に掃除を1日目、2日目……5日目と、やがてその時間になるとご本人から「そろそろ行こうか」とおっしゃるようになりました。もう「ゴルフ」という言葉は一切出てくることはありませんでした。庭仕事をして役に立ち、必要とされているのだとご本人が感じ、落ち着かれ、生きがいになってきたのかもしれません。

※注…「認知症介護情報ネットワーク」でダウンロード可（D4）

Before After

認知症のBPSDどうしよう？-❻

職員の目が届かないときに出て行こうとする!
…すぐいなくなるから目が離せない?

徘徊

大変だ！ 山田さんが
どこかへ行こうとしている!!

徘徊とは、目的もなく歩き回るという意味。でも、本当にそうなのか……。この方なりの理由があるのでは……。

→出掛けたくなる理由を考え探る。

山田さん
男性76歳　要介護度2
頻繁に何も言わずに外出したり夜中に徘徊を始めたりする。

あなたなら、どうしますか？

まず、こうしてみよう！ 【声掛けと対応】①

どうされたのですか？　どこに行かれますか。
一緒に行かせてもらっていいですか。

※安全を確保して見守り、できるだけ自由に一緒に歩きましょう。

声掛けと対応

× 「黙って出掛けないで！」
「どこに行っていたのですか？」
「あなたがいなくなったら、私たちが困るんですよ」

○ 「どこに行かれる予定でしたか？」
「嫌なことがあったら、教えてくださいね」
「心配なんです」

こうも、してみよう！　【声掛けと対応】②

「ここにいたくなかったのですね」

「ここにいていただくのは無理ですか？」

「そんなに言ってくれるならいてもいいけれど…」

※ご本人の思いを聞かずに無理に車に乗せたり、二人掛かりで引っ張って帰ろうとしたりすると拒否するのは当然です。日頃の信頼関係が大事です。

これらの「まずの対応」から → その方のBPSDの理由は何か？を探ろう！

- 情報の収集（アセスメント）→ P.124：魔法のシート参照。
- 観察・記録などを続けて理由を探り対応を！
- P.110〜の認知症ケアの基本なども参考に。

次頁で考えましょう。

Ⅰ-⑥　徘徊

考えて みよう! 意味もなくうろついているのではない…

不安や焦りがある

なぜだろう？

人から必要とされていないと感じている

何か目的をもって出掛ける

ここにいていいのかどうか、不安になる

自分が今いる場所が分からなくなる

私の経験から… 外に出て行くにはそれなりの理由があります。それは、その直前に起こったことだけでなく、ふだんからの関わりも大きく影響しています。何らかの理由でここにいたくないと思ったら誰でも出て行きたくなりませんか？　ここにいていいということを感じられるような対応が必要です。

こうすれば解決へ

予防と対策例

周りの力も積極的に借りよう！

ご近所の方や施設に出入りする方も含め、職員全員が、この方は出て行かれるかもしれないと思って情報共有し、みんなで、チームで見ていきます。

氏名や連絡先の分かる物を身に付けておく

私たちはあなたのことを心配しているというメッセージをさりげなく伝える

無理に止めない

落ち着くまで一緒に歩いてみる

**出掛ける理由を聞いてみる
（出掛けたくなる気持ちの奥にある理由を探る）**

※交通事故や転倒、脱水の危険などがあります。近隣にも知っておいてもらい、警察に通報する対策もとっておきましょう。

具体的にケアに活かせるエピソード

忙しさを気付きの失敗の理由にしてはいけない！

　入所中のFさんは、夕食後に忙しくしている職員の目を盗んで外に出て行ってしまいました。私たちは手分けをして近辺を探しましたが見付かりません。Fさんのフロア担当の職員が「もしかすると家の方まで行っているかも……」と、探しに行ってくれました。家はひと駅先で、私はそんなことはあり得ないと思っていました。寒い2月の夜のことでした。コートも着ていないFさんの無事を祈っていると職員から連絡が入りました。家の近くの商店街、それも座り込んで自転車を触っていたそうです。Fさんは奥さん（故人）に会いたかったのかもしれません。自宅にいるときは自転車が好きでよく乗っていた、ということを後で聞きました。私たちはFさんの不安や寂しい思い、心配事などをどれだけ聞いていただろうか……と反省しました。その後、施設でのFさんの居場所づくりに努めました。

Before　》》》　After

認知症のBPSDどうしよう？ — 7

大声でけんかをする!
…ささいなことでどうしてそんなに騒ぐの?

暴言・暴力

二人とも、落ち着いてくださ～い

職員のほとんどが暴言・暴力の被害を受けた経験があると言われています。利用者から離れて応援を呼ぶことも大切です。

谷川さん
男性80歳　要介護度2
前頭側頭型認知症(P.108参照)の疑いが考えられる。

➡ 警戒心を抱かせないようコミュニケーションでご本人の思いを聞く。

あなたなら、どうしますか?

まず、こうしてみよう！　【声掛けと対応】①

谷川さん、どうされましたか？

※その場で対処しないで少し距離を取って危険行動がないか見守ります。その後、どちらにも肩入れしないで個別に言い分を聞きましょう（介護職は意見を言わないのが原則）。

声掛けと対応

✗
「どちらが悪いのですか」「どうしたいのですか？」
「〇〇さんの方が悪いですよ」
「けんかの理由を教えてくださいね」

〇
「どうなさったのですか？」
「お話を聞かせてください」
「私たちにできることはありますか？」

こうも、してみよう！ 【声掛けと対応】②

谷川さん、お食事のときに
お席を変えた方がいいですか？

※お話を聞いた上で提案するようにしましょう。勝手に職員の判断で行わないことが大切です。

これらの「まずの対応」から

→ その方のBPSDの理由は何か？を探ろう！

- 情報の収集（アセスメント）→ P.124：魔法のシート参照。
- 観察・記録などを続けて理由を探り対応を！
- P.110〜の認知症ケアの基本なども参考に。

→ 次頁で考えましょう。

考えてみよう！

その場しのぎにならないように、理由について考えてみると…

体調不良からきている

否定されたりして自尊心が傷ついている

脳の機能低下で感情が抑えられない

なぜだろう？

いろいろな環境が影響していないか？

- 介護職の表情や声の調子などが威圧的でなかったか
- ざわざわしていて落ち着かない環境ではないか
- イライラする要因がほかになかったか

私の経験から…

「けんかをしたことも記憶障害ですぐに忘れる」と思っておられる方がいます。先ほどまでけんかをしていた人が、うそのようにその相手と話をしていることもありました。しかし、なぜけんかしたかは忘れても感情は残っています。そのときの感情を受け止めておく必要があります。「嫌な思いをされたのですね」「つらかったですね」と声を掛けてみましょう。

こうすれば解決へ

予防と対策例

日常を観察し、見守る

声掛けを心掛けて、表情の変化を素早く察知しましょう。

怒りの理由を聞き、受容する

日頃のご本人の表情を観察する

医師に相談する

頻繁に声を掛けて不安などを軽減する

※これは、ある程度いろいろな対応をしても、ご本人にも周りの人たちにも危険があると感じた場合に行ってください。

その人の生活を支援する
（例えば一人で過ごす自分の時間をつくる）

Ⅰ-⑦ 暴言・暴力

具体的にケアに活かせるエピソード

けんかは必ずしも悪ではなく事後の適切な対応が大切!

　ご本人たちにけんかの要因を確認すると、自分でも何を怒っていたのかよく分からなかったということがよくあります。あるとき、大げんかをしたお二人に話を聞いてみると、私にとっては本当にささいなことのように思われましたが、お二人には重要だと捉えて食事のときのテーブルを変えることにしました。それぞれに「席を変えましょうか？」と提案し、「そうしてほしい」という意向に応えました。しばらくして、Мさんは違う場所におられるNさんを見て、「なぜ、Nさんはそこに座っているの？」とNさんに声を掛けられ、Nさんも「分からん！」と言われ、結局、元に戻って食事をされたということがありました。けんかというか議論？　話し合い？　はお互いのことを分かり合うのに必要なのかもしれません。議論をしながら信頼関係が築かれることがあるのは私たちも同じです。ただ、本当に全く馬が合わないという方もおられるので、そういう方には環境を変えるということも必要だと思います。

認知症のBPSDどうしよう？-⑧
突然誰にでも抱き付く!
…異性に関心があるのは？

`性的行動`

何で、私に抱き付くの？

異性への関心、それ自体は当然です。高齢になるとなくなると思い込まないで……。

三島さん
男性85歳　要介護度３
視力の低下で勘違いの頻度が増す。性的羞恥心の低下も見られる。

➡はっきりと断り、なぜそんな行動になるのか理由を探る。

あなたなら、どうしますか？

まず、こうしてみよう！ 【声掛けと対応】①

※度を越した行為ははっきりNOと言うようにしましょう。

声掛けと対応

✗
「しょうがないわね」
「いい歳をして」
「気持ちが悪いからやめてください！」

「そんなことはできないです」
「ここはそんな場所ではありません」

こうも、してみよう！ 【声掛けと対応】②

お寂しいのですね。

何か思い出されましたか。
奥様はどんな方でした？

寂しいなぁ…
ねえ、一緒にいて

家内が亡くなって
しまって

おしゃべりで、
優しかったなぁ…

※本能的に性を求めるのは自然です。利用者の行為に対しては職員が統一した見解をもち、同じ対応をするようにしましょう。

これらの「まずの対応」から → その方のBPSDの理由は何か？を探ろう！

- 情報の収集（アセスメント）→ P.124：魔法のシート参照。
- 観察・記録などを続けて理由を探り対応を！
- P.110～の認知症ケアの基本なども参考に。

次頁で考えましょう。

Ⅰ-⑧ 性的行動

| 私の経験から… | 性的行動は大きく二つに分けられ、一つは何かきっかけがあって寂しく愛情を求めてのこと、もう一つはその方の性格や習性。しかし、性格なども幼少期の愛情不足が起因しているかもしれません。性的本能は人間本来の自然な欲求ですが、対応が困難な場合がほとんどです。決して1事業所1個人で考えるのではなくチームで考えていきましょう（ご本人・ご家族も含めて考えていくことが重要）。|

こうすれば解決へ

予防と対策例

叱ったり、怒ったりしない

性衝動は生理現象の一つ。ご本人の思いを聞くことで対応策が見えてきます。

はっきりと断る意思を伝える

男性の利用者は男性介護職に対応してもらう

身だしなみに気を付ける（肌を出したりしない）

性的行動の事例

抱き付く、体を触られる、体に触れることを求める、性的な言葉を発する、陰部を見せる、自慰行為をする、利用者同士の恋愛、ラブレターを書く、仕事中付きまとう などですが、ダメなことはきちんと伝えつつ、施設や事業所の考え方にもよりますが、経過を見守っていくことも、中にはあるのではないでしょうか。

利用者ご本人の人生や喪失感に寄り添う

Ⅰ-⑧　性的行動

具体的にケアに活かせるエピソード

気持ちを受け止めつつ どんな状況でも同じ対応をする！

「頼むから一度あんたのおっぱいを触らせて！」と言われた訪問介護の職員から相談を受けました。私は職員の代わりに出向いてお話を聞くことにしました。「何かありましたか？」とお聞きしてもご自分の思いが言えず黙っておられました。亡くなった奥様のことをお聞きしているとき、仏壇の奥様の遺影を見てびっくり！ 遺影があの職員によく似ていたのです。奥様を思い出しておられたと察しました。お子さんはおられたのですが月に一度来られる程度でした。私はケアマネージャーに現状を報告し、ご家族とご本人を含めて話し合いをしました。ご家族はその後訪問を増やしてくださり、訪問介護の職員はみんな同じ対応をすることでどうにか落ち着きました。しかしその後も時々「おっぱい触らせて！」と、ほかの職員にも言うことがあったそうです。その都度、きちんとお断りすることで円滑なサービスを提供することができました。

Before **After**

認知症のBPSDどうしよう？—⑨

いつもテーブルにうつ伏している！
…じっとしていて反応しないのは？

うつ傾向？

なぜ何もしてくれないの？
何もしたくないの？
このままでいいの？

アセスメントでどんな方か知った上で、無理のないところから関わりを。		中山さん 女性85歳　要介護2 机にうつ伏していないときは、ボーッと窓の外を眺めている。

→無気力の理由は何かを探り、利用者の気持ちに寄り添う。

あなたなら、どうしますか？

まず、こうしてみよう！　【声掛けと対応】①

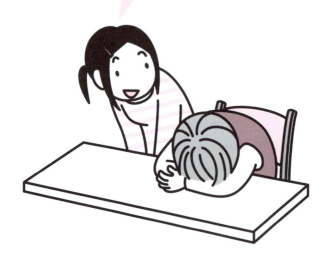

中山さん、お話させていただいていいですか？

声掛けと対応

✗
「片付かないので困ります」
「早く〇〇しましょう」
「じっとしていると足腰が弱くなりますよ」

〇
「お話をしませんか」
「お体の調子はいかがですか？」
「申し訳ありませんが、〇〇していただけませんか？」

こうも、してみよう！ 【声掛けと対応】②

※声掛けをして反応のないときは、そばに座っているだけでもよいでしょう。「あなたのことが知りたいのです」という思いでそばにいてください。言葉が返ってくることもあります。

これらの「まずの対応」から → その方のBPSDの理由は何か？を探ろう！

- 情報の収集（アセスメント）→ P.124：魔法のシート参照。
- 観察・記録などを続けて理由を探り対応を！
- P.110〜の認知症ケアの基本なども参考に。

次頁で考えましょう。

何もされようとしないのは、理由となる出来事や背景が必ずある。

- 体を動かすのがつらく動きたくない
- 近親者との死別などでショックを受けている
- もうどうなってもよいという諦め
- できることも介護職がするのでやる気が起こらない
- これから自分がどうなっていくのかという不安
- 自分がなぜここにいるのか分からなくなってきている（理解力の低下）

なぜだろう？

私の経験から…

認知症ケアの困り事の多くは、大声を出す人や暴力を振るう人など手に負えない場合に対しての対応でした。しかし、認知症ケア＝ＢＰＳＤの対応ではないと言われ始めた昨今、この事例のようにじっとしている人に関心がいくようにやっとなってきました。対応は本当に個々に違うので、じっくりとその人に向き合い、思いを知ろうとすることから始めてみましょう。

こうすれば解決へ

予防と対策例

なぜ何もされようとしないのか？

アセスメントから背景を知ります。

基本に立ち返る（➡P.110〜参照）

あなたのことを知りたいと思っている人がここにいるということを伝えていく

昔の話を聞くなど触れ合う機会を増やす。ご本人がどうしたいと思っているか聞き取る。

以前の趣味や得意なこと、好きなことをアセスメントし、生活の中で提案してみる

日中の過ごし方を見直し、以前の生活リズムに近づける

※笑顔、優しく触れる、楽しい・心地良い音楽など、非言語コミュニケーションの方が伝わりやすいでしょう。

Ⅰ-⑨　うつ傾向？

具体的にケアに活かせるエピソード

介護をする側の勝手な思い込みで生きがいを強要していないか?

　80歳くらいまで現役でピアノの先生として働かれていた女性(90歳)が施設に入所されました。いつも机にうつ伏しているか、遠くを眺めているか……そんなときに職員が「ピアノを弾きませんか?」と声を掛けました。特に反応はなかったのですが何度かお声を掛け続けました。ある日「じゃ、弾いてみる」と弾き始められました。童謡など音を取りながら「さすが!」という感じで弾いてくださいました。その後も何度かピアノを弾くことをお願いしました。積極的に弾く感じではなかったので、ご本人にとっては大変つらいことだったということを私は後々気付きました。自分が思うようにピアノが弾けない現実を目の当たりにすることや、記憶が曖昧になってきて記憶をたどりながら弾くことは、心身の負担が大きかったでしょう。かつてその方がしていたことを、私たちは提供できないか考えてしまいがちですが、ご本人の思いをくみ取りながら提案していくことが重要だと思います。

I-⑨　うつ傾向?

Ⅰ 認知症のBPSDどうしよう？-⑩
何度も盗られたと訴える!
…手元にないと盗られたと人を疑うのは？

物盗られ・被害妄想

物盗られ妄想
認知症の代表的なＢＰＳＤです。否定をせずに話を聞くことが大切です。

中村さん
女性76歳　要介護3
アルツハイマー型認知症。記憶障害があり、しまった場所を忘れ、財布が必要だと思ったときに自分の目の前に財布がなければ、「ない＝盗まれた」と判断してしまう。

➡訴えに真摯に向き合い信頼関係を築く。

あなたなら、どうしますか？

まず、こうしてみよう！　　【声掛けと対応】①

※認知症の初期段階に起こりやすく、身近な人（信頼している人）が標的になりやすいようです。

声掛けと対応

× 「置き忘れたのではないですか」
「誰も盗ったりしないですよ」
「私は盗っていません！」「忙しいから後にして」

○ 「どのような財布ですか？」
「どなたから頂かれたのですか？」

こうも、してみよう！ 【声掛けと対応】②

財布を盗られた！

財布がなくなったんですね。
どのような財布ですか？

そうなのよ！

赤い大きな財布なのよ。

どなたかからいただいた財布ですか？

子どもたちが買ってくれたの。

それは、大事な財布ですね
お子さんはどんな方ですか？

そうなの…

とてもいい子でね…

それは大変！
一緒に探し
ましょうね。

※ご本人の思いを傾聴しましょう。

これらの「まずの対応」から → その方のBPSDの理由は何か？を探ろう！

- 情報の収集（アセスメント）→ P.124：魔法のシート参照。
- 観察・記録などを続けて理由を探り対応を！
- P.110～認知症ケアの基本なども参考に。

次頁で考えましょう。

Ⅰ-⑩ 物盗られ・被害妄想

考えてみよう! その場しのぎにならないように、理由について考えてみると…

自分が片付けた場所が分からない
（直前のことを忘れてしまう）
アルツハイマー型認知症の特徴的な症状

世話になってばかりでつらい
頼ってばかりでつらい

なぜだろう？

今まで、財布をいつも
持っていたという
習慣があったのでは…

記憶力や判断力などが
低下して妄想が
生じやすくなる

私の経験から… 物を盗られたことにして、ご自分の中でつじつまを合わせようとしている、ということでしょう。
記憶力の低下で、片付けたことを忘れてしまっている→今、財布がない→誰かが盗って行ったに違いない……というように。

こうすれば解決へ

予防と対策例

訴えに真摯に向き合うこと

利用者ご本人の困っている、その心配を共有しましょう。

財布がないことにとことん付き合う

じっくり話に耳を傾けてご本人の立場に立って思いを聞く

心配を共有する

Ⅰ-⑩ 物盗られ・被害妄想

具体的にケアに活かせるエピソード

ご家族との関係性の改善を試みることも大事！

　いつも財布を脇に抱えて施設の廊下を小走りに移動していたSさん。ある日、「財布がない」「職員が盗った」と訴えて来られました。お話を聞くと財布は家族にもらった、財布をもらった頃は家族と仲良くしていた、皆に迷惑ばかり掛けている、お嫁さんが私の悪口ばかり言っている……など。よく考えてみるとその職員さんは、雰囲気がお嫁さんによく似ていました。私はSさんが自分の居場所がないことに不安を感じ、ご家族の愛情を求められていたのかもしれないと考え、得意としている折り紙（長い間ボランティアで折り紙の先生をしておられた）を皆さんに教えていただくことにしました。物盗られ妄想がすぐになくなったわけではありませんが、施設ではそうした対応とご家族との話し合いを続けました。ご家族との関係性の改善は難しく、支援の仕方に課題が残りましたが今後に活かしていきたい事例でした。

I 認知症のBPSDどうしよう？-⑪

誰か全く分からなくなる！
…家族も介護スタッフも区別が付かないの？

見当識障害

いつも、私のことを
お孫さんと間違って…

〇〇ちゃん、おばあちゃんよ〜

こういう場合は肯定的善意で受け止めたいですね。

レビー小体型認知症
特殊なたんぱく質による神経伝達の障害で、アルツハイマー型認知症に次いで多い認知症。

中村さん
女性70歳　要介護2
レビー小体型認知症。
調子の良いときと悪いときの変化が大きい。

➡思い込みを否定しないで話を聞く。

あなたなら、どうしますか？

こうも、してみよう！ 【声掛けと対応】②

私は○○と申します。
よろしくお願いいたします。

体調はどうですか？

お孫さんがいらっしゃるのですね。

孫が3人。
そう言えばあなた、
うちの孫に
似ているわ…

それは嬉しいですね。
どのようなお孫さんですか？

※会話をしているうちに「あなたは○○さん。来ていたの！」と、介護職を思い出されることもあります。

これらの「まずの対応」から

その方のBPSDの理由は何か？を探ろう！

- 情報の収集（アセスメント）➡P.124：魔法のシート参照。
- 観察・記録などを続けて理由を探り対応を！
- P.110～認知症ケアの基本なども参考に。

次頁で考えましょう。

I-⑪ 見当識障害

考えてみよう!

その場しのぎにならないように、理由について考えてみると…

自分がいろいろなことを忘れていく、分からなくなっていくことに、不安を感じているのかも

過去と現在の区別が付かない

過去の自分に戻ることで自信を取り戻そうとする

なぜだろう？

記憶障害や見当識障害で人のことが理解できなくなってきている

私の経験から…

ご家族や知人が「私のこと分かる？」と認知症の方を試す言い方をされることがありますが、自分のことに一番気が付いているのはご本人です。「お母さん、娘の○○よ。体調はどう？」と、名前を伝えることで「ああそうだった」と思い出すこともありますし、思い出さなくてもこの人が自分の娘なのかと認識されることがあります。

こうすれば解決へ

予防と対策例

否定すればするほどご本人は混乱

ある人を別の人だという信じ込みを否定しないようにしましょう。

話を合わせる（ただし、うそはつかない）

「そうですね。そう思われているのですね」

笑顔などで安心感を与える

否定をしないでまず受け入れる

具体的にケアに活かせるエピソード

「何かご用ですか?」のひと言と笑顔の対応で信頼が得られる!

　職員のAさんを孫のBさんと思い込むCさんは、Aさんを見掛けると安心して落ち着かれ、Aさんがお休みの日は少し不安そうでした。ほかの職員はAさんがいないと大変だと訴えます。AさんはCさんの孫ということを否定も肯定もせず、呼び掛けられるたび「何かご用ですか?」と声掛けをするだけ。なぜ風貌も年齢も全く違うAさんを孫と間違えられるのだろう? ほかの職員はどうすればよいのだろう? と、皆で話し合う機会をもちました。きっとAさんは物腰が優しく、常に笑顔でCさんを受け入れているからで、そこが孫のBさんの雰囲気に似ていたのではないでしょうか。職員のAさんと同じように対応することで、Cさんにはあの人もこの人も孫のように見えてきたようで、孫の名前を呼ぶことは減っていきました。Cさんにとって孫のBさんは一番頼りにしている人だったのかもしれません。

I 認知症のBPSDどうしよう?−⑫
実際にいない人を「いる」と言う!
…介護スタッフを何度も呼ぶのは寂しいから?

・・・幻覚・・・

見知らぬ男の人が部屋にいると言い張る!

幻覚
実際にはないものがご本人には見えたり聞こえたりする症状です。

山中さん
女性85歳　要介護度4
幻視が多く見られるレビー小体型認知症。

→思い込みを否定しないで話を聞く。

あなたなら、どうしますか?

まず、こうしてみよう！　　　【声掛けと対応】①

声掛けと対応

「誰もいないですよ」「そんなわけないでしょ!」
「見えるなんておかしいですよ」
「誰もいないから大丈夫です」

「どんな人がいますか?」
「それは、どのような人ですか?」
「私が追い払ってみましょうか?」

こうも、してみよう！ 　　　　　【声掛けと対応】②

あなたに何か
してくるのですか？

しばらくいますので、
安心してくださいね。

何かお話を
しましょうか？

怖い〜

※ご本人の世界に付き合うことが大切です。

これらの「まずの対応」から → その方のBPSDの理由は何か？を探ろう！

- 情報の収集（アセスメント）➡P.124：魔法のシート参照。
- 観察・記録などを続けて理由を探り対応を！
- P.110〜認知症ケアの基本なども参考に。

次頁で考えましょう。

I-⑫　幻覚

考えてみよう! その場しのぎにならないように、理由について考えてみると…

病気を疑ってみよう
(レビー小体型認知症の症状なのかも…)

なぜだろう?

不安やストレスを感じている

薬の副作用

私の経験から…

ご本人には誰が何と言おうと見えているのです。受容して付き合ってください。「何か悪さをしてくるのですか?」と聞くと「何も。可愛い子どもたち…」「だったら様子を見ていましょうか?」「お菓子でもあげて」「今持っていないから後にしましょうか」「そうね」というような会話で終わることもあります。

こうすれば解決へ

予防と対策例

ご本人の目の前にある現実を受け入れる

否定をしないことが原則です。「何もない」と現実を伝えてもご本人は納得しません。

否定をしないでご本人の話を聞く

何が不安かを探り、その不安を取り除く工夫をする

見間違いを起こす環境を改善する

体調のチェックをする

医師に相談する

具体的にケアに活かせるエピソード

人それぞれに対応は異なり毎日が学びと成長の場!

　入所中のGさんは、「天井にヘビがはっている。私に襲い掛かってくる」と訴えて来ました。よく見るとそれは天井の汚れとか染みのようなものでした。それがご本人にはそう見えたのでしょう。私はご本人が怖かった思いを聞き、「また来たら教えてくださいね。しばらく一緒にいますから」と伝え、部屋の電気を少し明るくしました。翌日、掃除のスタッフに頼んで天井の染みが少しでも薄くなるようにしてもらいました。しかし、その訴えは続き、最終的にはお部屋を変わっていただくことになりました。掃除をしたりしたことで落ち着く人もいますし、環境を変えることで効果の見られる人もいます。個人を見守りこまやかに対応していくことが大切です。

Before　>>>　After

I-⑫　幻覚

認知症のBPSDどうしよう？−⑬
全然寝付かない！
…寝ている時間なのに起きてくるのは？

・・不眠・・・

こんな夜中に！
もう少し、寝ていてよ！

早く寝たら、早く目覚めてしまうのは当たり前と受け止めることから、ご本人の思いを考えましょう。

野口さん
女性75歳　要介護度2
夜間にきちんと眠れないため昼夜逆転が見られる。

➡睡眠パターンを調べ、不眠の理由を探る。

あなたなら、どうしますか？

まず、こうしてみよう！　　【声掛けと対応】①

※「排尿の障害」から何度も起きてトイレに行く方もいます。

声掛けと対応

「夜は寝る時間ですよ」
「早く寝ないといけませんよ」
「皆さん、寝ていますから静かに…」

「お茶でも飲まれませんか？」
「お話を聞かせていただけますか？」
「眠れないのですね。何か気になりますか？」

こうも、してみよう！ 【声掛けと対応】②

きっと何か理由があるのね…

わぁ～！ わぁ～！

ん？

※何か理由があり、不安に思っておられるのでは……と思いながらご本人に話を聞くようにしましょう。

これらの「まずの対応」から

→ その方のBPSDの理由は何か？を探ろう！

- 情報の収集（アセスメント）➡P.124：魔法のシート参照。
- 観察・記録などを続けて理由を探り対応を！
- P.110～認知症ケアの基本なども参考に。

次頁で考えましょう。

> **考えてみよう！** 眠りたいのに寝付けないのはつらいものなので一緒に理由を探りましょう。

夜間せん妄に陥っている

1日の生活リズムをその方に合わせて調整する

睡眠時の環境が整っていない

何か心配事があり不安になっている

なぜだろう？

薬の副作用が疑われる

私の経験から…

高齢者の睡眠時間は医学的見地からも5～6時間と言われています。8時か9時に寝た場合に午前1時か2時に目が覚めるのは自然です。職員に「寝てください」と言われても眠れない……いろんな考えが頭の中に浮かんできます。「何でここにいるのだろう……」「支払いのお金は……」「娘はどこに……」等々で不安になります。「誰か助けて……」と大きな声も出したくなるのではないでしょうか。

こうすれば解決へ

予防と対策例

不眠の原因は千差万別!

その方の生活リズムを再構築することを考えていきましょう。

心地良い就寝環境を整える

睡眠パターンを観察する

不安の要因はないか探る

日中に十分な活動をする

午前中に日光浴をする

夜間せん妄
夕方から夜間にかけては暗くなるため、状況を認識するのが難しくなり、不安感が増してしまうことに起因していると言われています。

Ⅰ-⑬ 不眠

具体的にケアに活かせるエピソード

お話し相手になって不安な気持ちに共感

　日中のKさんはお元気で認知症の症状など感じさせず、他入所者と話をされて過ごしておられますが、夜になると人が変わったように「私をここから出して！」「警察はどこ？　警察に行く！」と１〜２時間フロア中を歩き回ります。そんな状態が続いて、職員が「もう無理！」と訴えて来ました。私は、ひと晩その方の様子を観察することにしました。騒いでいるのはいつも２時〜３時で、起きるとトイレに行かれます。お部屋に帰ろうとするとき「眠れますか？」と声を掛けました。「なかなか寝られない」とおっしゃるのでお話し相手になりました。聞くと娘の住所を覚えていないことや自分が分からなくなっていく不安を口にされました。在宅時、困ったことがあるとすぐに交番に行って助けてもらっていたということが、ご家族のお話から分かりました。次の日からKさんの夜中のトイレ後に必ず声を掛け、自分から「寝ます！」と言うまで話を聞くことにしました。時間は当初30分くらいでしたが続けていくうちに段々と短くなり最終的には10分ぐらいになりました。歩き回るのを静止することよりも格段に楽になりました。

怒ってあばれる!
…つえを振り回すので持たさない方がいい?

不穏

> 危ないのに、なぜつえを振り回すの!

静止して、つえを取り上げると、もっと気持ちが高ぶってしまうこともあります。	小林さん　男性75歳　要介護度3 当初は穏やかだったが変わってきたので何かご本人の中で変化があったのではないかと推察される。

➡ 落ち着くのを待ち、行動に至った理由を探り、その思いに共感する。

あなたなら、どうしますか?

まず、こうしてみよう！ 【声掛けと対応】①

※不用意な声掛けは興奮させてしまうことも多く、「あなたのことを心配しています」という思いを伝え、少し距離を取って声を掛けるタイミングを見ながら、落ち着くまで見守り続けましょう。

声掛けと対応

「やめてください！」
「危ないじゃないですか」
「人にけがをさせたらどうするの」
落ち着いたら…
「イライラさせてしまってごめんなさいね」
「何かありましたか？
よろしかったらこちらにお座りになりませんか」

こうも、してみよう!

【声掛けと対応】②

小林さん、何かあったのですね。

小林さんの不安(困り事)を聞かせてくださいますか?

※このような行動に至るには、何か理由があります。そのことを推察し、ご本人と話し合ってみましょう。後になるとご本人も「理由は分からないがイライラしてしまった」とおっしゃることもあります。

これらの「まずの対応」から

その方のBPSDの理由は何か?を探ろう!

- 情報の収集(アセスメント)➡P.124:魔法のシート参照。
- 観察・記録などを続けて理由を探り対応を!
- P.110〜認知症ケアの基本なども参考に。

次頁で考えましょう。

Ⅰ-⑭ 不穏 91

考えてみよう! 力で抑えるのは逆効果！暴力が出る理由を探る。

人間関係（仲間意識など）が構築できていない

便秘などで体調が良くない

なぜだろう？

自尊心に傷を付けてしまった

いら立ちや不安で感情のコントロールが効かない

私の経験から…

つえを振り回す人が同じ行動だからと言って、同じ理由ではないことは認知症ケアの難しさです。二人として同じ性格の人はいないし、同じ人生を送っている人もいないからです。振り回すつえを取り上げるというのは解決法ではなく、それどころかもっとご本人の気持ちを不安にさせ、違う形の行動になる可能性があります。理由を探る努力をするしかないのです。

こうすれば解決へ

予防と対策例

つえを取り上げない(行動抑制しない)

危険行為がないかを見極め、生活に必要な物なのでご本人に渡すようにします。

ご本人を理解しようと向き合う(共感的納得を図る)

※沽券に関わる
体面に差し障りがある。プライドが傷つくと同じ。

介護職を変えてみる

ご本人の行動を責めない(何か理由がある)

生活習慣を見直す

I-⑭ 不穏

具体的にケアに活かせるエピソード

つえを振り回すという行為だけで乱暴で困った人だと判断しない!

　在宅時、いつも困ったことがあると警察に行かれていたYさん。施設の中で分からないことがあると、警察へ行きたいと職員に訴えても職員は取り合わず、受け流していました。やがてつえを振り回すことが多くなりました。ご本人の抵抗だったのです。「私の話を聞いてよ!」という思いだったのかもしれません。その言動や背景には、いろんなことが分からなくなってきた不安を誰かに受け止めてほしい!　ということが潜んでいることが分かりました。私は、ご本人の不安を聞き取り、その不安への対応をしました。すると、あのつえを振り回していたYさんは全く見られなくなりました。

I 認知症のBPSDどうしよう？−15

座っていてもすぐに立ち上がろうとする！
…ちょっとの間でもじっとできないの？

不安

座っておられず、すぐ立ち上がろうとする！

「座っていて」という言葉は介護職の都合優先になっていないか。

守口さん　男性88歳　要介護3
ソワソワと落ち着きがなく立ち上がろうとする姿が頻繁に見られる。

➡止めるのではなく、立った後のご本人の行動を見守り理由を探る。

あなたなら、どうしますか？

まず、こうしてみよう！　　【声掛けと対応】①

守口さん、何かしようとされていますか？

声掛けと対応

✗
「そのまま座っていてください」
「じっとしていないと困ります」
「落ち着きがないですね」

○
「おトイレに行きましょうか？」
「何か、しなくてはならないことがありますか？」
「どちらに行かれますか？」

こうも、してみよう！ 【声掛けと対応】②

会社に行かないと いけないんですね。

会社では、どのような お仕事をされている のですか？

これから会社に 行かないと…

そうなんだよ

※行動を止めるのでなく、その行動を肯定しつつ常に行動の理由を知ろうとする。

これらの「まずの対応」から

その方のBPSDの理由は何か？を探ろう！

- 情報の収集（アセスメント）➡ P.124：魔法のシート参照。
- 観察・記録などを続けて理由を探り対応を！
- P.110〜認知症ケアの基本なども参考に。

次頁で考えましょう。

その場しのぎにならないように、理由について考えてみると…

周りがバタバタしていて落ち着かない

身体的な問題はないのか（尿意・便意など）

何もすることがなく不安になっている

ここにいていいのか心配になってきている

私の経験から…

何度も立ち上がろうとされる利用者に職員はじっと座っていてほしい……動けば転倒のリスクがあり危険だからです。しかし、利用者には利用者なりの理由があり、職員を困らせようと思っているのではありません。何かを伝えようとしていると受け止めて理由を探り、対応方法を考えていきましょう。

こうすれば解決へ　予防と対策例

静かな環境（落ち着く環境）を整える

行動を止めるのでなく、その行動を肯定しつつ常に行動の理由を知ろうとする

不安を取り除くために何をすればよいのか、その人の個別性を尊重しながらオンリーワンの対応を心掛ける

Ⅰ-⑮　不安

具体的にケアに活かせるエピソード

利用者の生活習慣に目を向けることも大切!

　食事が終わると頻繁に立ち上がるKさん。職員は「また、始まった!!」と取り合わず、そのままにしていました。ある日、歩こうとして転倒しかけました。私はその報告を受け、Kさんの観察をしました。

　最初はトイレなのかな？ と思い立ち上がったときに「おトイレですか？」と尋ねましたが、返事はなく、歩行が不安定なので、介助しながら一緒に歩き始めました。すると向かったのはご自分の部屋だったのです。部屋に着くとすぐにベッドに横になられました。Kさんの家庭での生活を確認すると、以前から食後はベッドで横になる習慣があったようです。それから、食後はKさんには居室で30分程度横になるというプランを作成し対応することにしました。

Before　>>>　After

認知症のBPSDどうしよう？—16

いつも机をたたいて音を出している！
…机を手でたたくのはどうして？

耳障りな音を出す

うるさいから、机をたたくのをやめて！

机たたきが始まると、ほかの利用者も「うるさい」とイライラし始め、それが広がっていくことも……。

大川さん
女性78歳　要介護度2
音を出すことで落ち着き、安心につながっている。

➡寄り添って理由が何かを探る。

あなたなら、どうしますか？

まず、こうしてみよう！ 【声掛けと対応】①

大川さん、何かお手伝いすることがありますか？

声掛けと対応

「またなの」「やめてください!」
「手が痛くなりますよ」
「皆さん、迷惑がっていますよ」

「どうしました?」
「ご用ですか?」
「お話しさせていただいていいですか?」

こうも、してみよう！ 　　　　　　　　【声掛けと対応】②

大川さん、私もたたいてみていいかしら…

※そばに行って同じように同じリズムで机をトントンとたたいてみましょう。
　大川さんの気持ちが少し分かるかもしれません。

これらの「まずの対応」から

その方のBPSDの理由は何か？を探ろう！

- 情報の収集（アセスメント）→P.124：魔法のシート参照。
- 観察・記録などを続けて理由を探り対応を！
- P.110〜認知症ケアの基本なども参考に。

次頁で考えましょう。

Ⅰ-⑯　耳障りな音を出す

考えてみよう！ 机をたたく行為は何かを訴えている！

- 自分を見てほしい
- たたくことで何か安心感が得られる
- 寂しさを感じている
- 職員に話を聞いてもらいたい
- 体調は？

なぜだろう？

私の経験から…
机をたたくから音がうるさいからと机を外したり、音が出ないようにしたりすることは何の解決にもなりません。机をたたいて音を出すことに何らかの意味があり、音が出ないように止めたりするともっと音を出そうと力が入ります。表面上の対応がBPSDをさらに大きくさせてしまいます。

こうすれば解決へ

予防と対策例

同じように机を
たたいてみる
（ご本人の思いを
感じながら…）

そばに付き添って
傾聴する

ご本人がどうして
机をたたくのか
理由を考えてみる

具体的にケアに活かせるエピソード

私たちの対応や態度は利用者も分かっている！

　Oさんは入所時にご家族が「うるさいから」と手作りしたテーブルを持って来られました。たたいても音が出ないようテーブルの上にクッションを付けた物でした。施設では、皆さんと同じテーブルに座っていただき、同じように過ごしていただくことにしました。当然、「うるさい」という言葉が出てきました。私は「きっと何かをお話されているのだと思うので聞いてあげてください」と皆さんにお願いしました。するとOさんに「何か言いたいのかい」とほかの利用者が聞いている場面も出てきました。ある日、Oさんが体調を崩し入院することになりました。すると「うるさい」と率先して言っていた利用者が、「音が聞こえないと寂しいね。いつ帰ってくるの？」と聞いてこられました。Oさんのことを皆さんと同じように私たちが対応することで、ほかの方たちも同じようにOさんを見ていてくれた！　と思う瞬間でした。

II 認知症ケアの基本とお役立ち情報＆知識

平野亨子の認知症ケア講座
…現場から学び、実践しよう!

　Ⅰの16項目の解説を見ていただく中で、プロローグで触れた、「**認知症**の困ったAさん→**阿部さんは認知症**」と、「その人」を大切にする視点をもつことの重要性を感じていただけたと思います。

　介護職側からの視点で捉え、「問題行動をする人」とレッテルを貼ってケアをするのではなく、本書「Ⅰ」の16項目では、あくまでご本人中心の視点でその場に出会ったらどうするか、次に理由を考え対策を探ることを提案しました。ここでは、もう一歩深めて本質的な理由を探り、それに対しての基本的なケアの流れ・手順や方法を考えていきましょう。一人の人としてその人を捉え、どのようにケアを行っていくかということを説明していきたいと思います。

→P.110～126（認知症ケアの基本・ケアを考えていく手順表による解説）

　経験値だけで、何の根拠もなく「こうすれば、落ち着く」という言葉をよく耳にしていました。確かに結果的に認知症の方が落ち着けばよいのかもしれません。しかし、それではその場しのぎだけで、その方法が認知症の方を怒らせてしまったりしたら、次の方法が見つからず、「どうしてよいのか分からない」ということになります。経験値も活かしながら、認知症の方の思いを考えて、理由を探っていきましょう。

※認知症に関する知識のおさらい（P.108）や、認知症ケアに取り入れたい手法（P.122～）もあります。

II-① 認知症・BPSDについて知っておこう!

■認知症ってどういう症状?

認知症の症状には大きく分けて二つの症状があります。一つは脳の細胞が壊れることによって直接起こる中核症状で、記憶障害、見当識障害、理解・判断力の障害、実行機能障害などがあります。

中核症状はその人の心理状況を考える大切な視点ともなり、その中核症状に認知症の方の性格や素質、環境や心理状態が加わってBPSD(行動・心理症状)が出現してくることがあります。

BPSD(行動・心理症状)は徘徊・妄想・攻撃的行動・不潔行為・異食などで、実際に介護職を悩ませてきました。しかし、認知症の方は介護職を困らせようとか介護職の手を煩わそうと思っているわけではありません。ご本人にとっては何かを訴えておられるのだと考えることが大切です。

主な認知症の種類と症状

- **アルツハイマー型認知症**…脳の神経細胞が通常の老化とは違う病的な減り方で起きる疾患です。認知症として一番多く、初期、中期、後期と悪化していきますが、進行を遅らせる薬の研究が進んでいます。
  <認知機能障害/意欲障害/抑うつ/徘徊/失行/失認/無関心など>

- **脳血管性認知症**…脳梗塞や脳出血などで発症する疾患です。早期発見・早期治療が大切で、脳の損傷部位や程度で症状は異なります。
  <認知機能障害/意欲障害/感情失禁/夜間せん妄など>

- **レビー小体型認知症**…大脳皮質の神経細胞内にレビー小体がたまっていく進行性の疾患です。脱水や感染症になりやすいので発見が遅れないように気を付ける必要があります。
  <パーキンソン症状/幻覚(特に幻視)/不安や興奮/注意力低下など>

- **前頭側頭型認知症(ピック病)**…前頭葉と側頭葉の神経細胞が少しずつ壊れていくことによって起きる疾患です。人格や行動の異常が先行し、障害される脳の位置によって異なった症状が見られます。
  <人格・行動異常/感情の麻痺/常同行動/社会性の消失など>

◎ **軽度認知障害(MCI)とは**…Mild Cognitive Impairmentの略で、認知症のレベルには至っていないグレーゾーンを指します。早期発見の重要性について学び、予防、改善に心掛ける必要があります。

参考 認知症の症状——中核症状と行動・心理症状

中核症状とは
脳の細胞が壊れることによって直接起こる症状を「中核症状」と呼びます。記憶障害、見当識障害、理解・判断力の低下、実行機能の低下などが、これにあたります。

行動・心理症状とは
これに対し、本人の性格、環境、人間関係などの要因がからみ合って、精神症状や日常生活における行動上の問題が起きてくることがあり、行動・心理症状と呼ばれます。

その他身体的症状
このほか、認知症にはその原因となる病気によって多少の違いはあるものの、さまざまな身体的な症状もでてきます。とくに血管性認知症の一部では、早い時期から麻痺などの身体症状を合併することもあります。アルツハイマー型認知症でも、進行すると歩行が拙くなり、終末期まで進行すれば寝たきりになってしまう人も少なくありません。

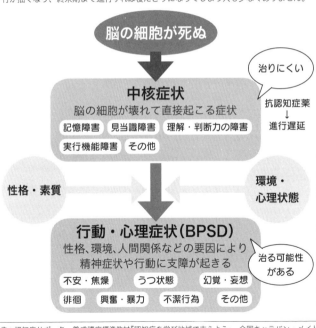

出典：認知症サポーター養成講座標準教材『認知症を学び地域で支えよう』 全国キャラバン・メイト連絡協議会(2017.9)

II-② 認知症ケアの基本・ケアを考えていく手順表

ケアは、行き当たりばったりではいけません。下表左側の基本と、下表右側の具体を対照して、認知症ケアを考えていく手順を確認しましょう。

考えていく手順 … 具体的に「訴えているAさん」への対応は…

(あ) 認知症の方の言葉や行動を聴く・見る・知る
→ Aさんの表情や言葉、Aさんの訴えが起こる時間や回数・環境を観察し、記録を取る

(い) 認知症の方の立場に立ち、思いや困り事を考える・探る・推測する
→ Aさんが「家に帰る」と訴えているとき、どのような気持ちでおられるのか、考える

(う) 言葉や行動の背景にある要因を考える＝アセスメント
→ Aさんをそのような気持ちにさせる要因がどこにあるのか、集めた情報から考える

(え) 要因から全体を捉え、ケアや支援の方法を考える
→ 何もすることがなく、こんな所にいられないと感じておられると考えられたら
↓
Aさんの思いを聞き受容する
↓
Aさんの情報の中からAさんができること、したいと思っていること、得意なことから考え、できることをAさんとともに考える

(お) 実践する

(か) 実践した方法を評価＝振り返り
→ 実践してみてAさんの表情が和らいだのか、訴える回数が減ったのか、生活は変わったのか、Aさんにとって良い計画だったのか、評価する
↓
今の方法を継続していいのか、見直さなくてはならないのかを評価する

(き) 認知症の方の言葉の変化と困り事や生活の変化を振り返る

図1：『認知症介護実践者研修標準テキスト』 認知症介護研究・研修センター(2016)等を参考に平野作成

Ⅱ-③ ②の手順表内、あ・いを考えるために

P.110「考えていく手順」の1・2番目
あ＝認知症の方の言葉や行動を聴く・見る・知る
い＝認知症の方の立場に立ち、思いや困り事を考える・探る・推測する
について考えるために、必要なことを整理してみました。

「その人」を理解するために必要なこと

人を構成しているものの中にあるものを五つに分けて述べてみます。

⑴ **性格（気質、持っている能力）**

⑵ **対処スタイル**
　人に対しての対応方法のようなものです。困ったときにはすぐに人に聞く人と、自分で一生懸命に解決方法を探す人がいますが、それが対処スタイルです。ずっと若い頃からそうされてこられた方は、認知症になられてからも同じような行動をされます。私たちはそのことを知った上で、どのように対応するかを考えていくことが適切なケアにつながっていくと思います。

⑶ **生活歴**
　その人の生きてきた人生を理解するということです。私たちが認知症の方に出会ったときは、すでに認知症を患っている方しか目の前にはいません。しかし、その方の今までの人生があってこそ、目の前にいる認知症の方がいるということを私たちは忘れてはいけないのです。そのことを知って初めて少しその人となりが見えてくるのかもしれません。

⑷ **健康状態や感覚機能（聴力や視力など）**
　体の不調があるのかないのか、感覚機能は今までと変わりない状態なのかなど、その中には認知症からくる精神状態もあるかもしれません。

⑸ **社会心理（人間関係）**
　その方を理解する上で重要な点です。その方を取り巻く家族や近隣の人、友人など、その方たちの影響がかなりあるのではないかと考えることができます。

認知症の方を知るためには、P.111の(1)～(5)について情報を収集すること、そのためにその方に向き合うことが必要となります。

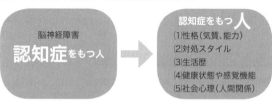

図2：『認知症介護実践者研修標準テキスト』認知症介護研究・研修センター(2016)等を参考に平野作成

認知症という症状に目を向け、「人」というところを見ていなかったのではないか。しかし、最近は、認知症という症状を中心に考えるのではなく、人を中心に置き、その人が何を困っておられるのか、どのような思いでおられるのか、何を求めておられるのか考えることから、どのように関わっていけばよいか考えるようになってきました。認知症になっても、何もできなくなった人ではなく、一人の人なのです。その人を理解しどのように向き合い、どのように接していくか、考えていくことが「パーソン・センタード・ケア」(P.116参照)なのです。

ケアとは本来「良質性」を追究するもの

- 「支持」が「指示」になっていませんか？
- 「できない」「やれない」「仕方がない」「どうしようもない」などのやらない理由が主体になっていませんか？
- 「人がいない」「時間がない」などネガティブシンキングになっていませんか？

援助者が壁にぶつかったときこそ逆にチャンスと捉える

不適切なケアになる可能性が高い

人を尊び、その人の思いをくみ、そして可能性を引き出すことを目指すのが「パーソン・センタード・ケア」(P.116参照)

図3：『見直し！認知症ケア パーソン・センタード・ケアの実践』石川 進 日総研出版(2016)等を参考に平野作成

Ⅱ-④ ②の手順表内、う・えを考えるために

P.110「考えていく手順」の3・4番目
う＝言葉や行動の背景にある要因を考える＝アセスメント
え＝要因から全体を捉え、ケアや支援の方法を考える
について考えるために、必要なことを整理してみました。

A. 典型的な症状で考える

　「家に帰ります」と訴えるAさん。なぜ、家に帰ると訴えておられるのか？「家へ帰ります」の言葉の奥にあるAさんの思いを私たちが、推測して考えていかなくてはなりません。Aさんがご自分で「こういう理由で私は家に帰りたいのです」ということを話されればよいのですが、Aさんには、それができなくなっているため(明らかな理由はご自身でも分からないのかもしれません)、私たちがAさんの表情や行動、今までの人生や性格や環境を統合して考えていかなくてはなりません。

ⓐ まず、Aさんにとって「家」とはどのような意味があるのでしょうか？

　人それぞれ、「家」に対する思い、価値観は違います。例えば、ある人にとっては「憩いの場」であったり、ある人にとっては「家族のいる場所」「落ち着ける場所」「安全な場所」「くつろげる場所」「自分を必要としてくれている場所」「居心地のいい場所」などであったりします。Aさんにとっても決して一つのことだけではなく、多くの意味合いがあるのではないかと考えられます。

ⓑ Aさんにとっての家を探るためには、いろいろな方法があります。

　情報を収集することが最初にしなくてはならないことです。生活歴(学歴・職歴)、生活スタイル(趣味・習慣・こだわり・経済状況)、パーソナリティ(性格・個性)、社会的立場(地位・役職)、現在の生活環境(居室・食堂)、ご本人に関わる人たち(家族・職員)、生活上の規則(施設の決まり)など、よく言われるアセスメントをしなくてはなりません(P.114参照)。

アセスメントの視点

図4：『認知症介護実践者研修標準テキスト』 認知症介護研究・研修センター(2016)等を参考に平野作成

観察
- BPSDの症状の様態
- 発症時の表情、行動、発言

※アセスメントシートなどは、センター方式シートなどのほか、自己にて作成することも可能。

情報を取る
- 認知機能障害の種類と程度
- 身体機能、健康状態、体調
- 周囲の環境状態（住環境、刺激）
- 他者との関係性（ほかの高齢者、家族、職員など）
- 生活状況（ADL、日課、活動、生活スタイル、趣味、嗜好など）

参考
ひもときネット！
ひもときシートを使ってみよう
https://www.dcnet.gr.jp/retrieve/info/howto.html
センター方式シート集
https://www.dcnet.gr.jp/study/centermethod/center03.html

情報を統合して考える
- 心理状態や気持ち

※センター方式の「センター」は「認知症介護研究・研修センター」のことです。

ⓒ観察とは(左図参照…以下ⓓⓔも)

　Aさんがどのようなときにビーピーエスディーの症状になられるのか、気を付けて観察することが重要です。反対にどのようなときは落ち着いておられるのか、そのようなことを記録するシートもありますので、うまく使って観察をチームで行うことが重要です。

ⓓ情報から理由を考える

　下の表は、一般的な解説(帰宅要求される方の)としての表なのですが、これが全て当てはまるわけではありません。多くの場合は、いろいろな要素が相まっているということが考えられます。

	身体面	精神面	環境面
頻繁な帰宅要求	体調不良 薬の影響 便秘や下痢	認知機能の低下 妄想や誤認 居心地の悪さ 役割の喪失 不安や恐れ 不満や孤独感	時間帯(夕方) 周囲の雑音や動き、刺激 家族との関係性 入居期間 不慣れな環境

図5：同左

ⓔアセスメント全体を考えるために…下図を参考に

認知症の人への理解

中核症状　「記憶障がい」「実行機能障がい」「言語障がい」などの症状

症状を認知症を確認する指標で終わらせない

↓

どんな心理状況になるか？
「不安」「孤独」「恐怖」「いら立ち」など

ここに接近することが大切
認知症の人の視点に立って心理状況に影響を与えている要因や背景を確認していく。

その心理状況によってどのような行動につながっていくのか？

BPSD

これまでのケアはここでの対応が焦点になっていた

心理状況：不安、抑うつ、強迫、睡眠障がい
行動状況：徘徊、拒否、暴力、帰宅欲求、不潔行為、収集癖、異食

図6：『見直し！認知症ケア パーソン・センタード・ケアの実践』石川 進 日総研出版(2016)より転載

B. 認知症の捉え方…ケアや支援の方法の考え方として

ⓐパーソン・センタード・ケア

「パーソン・センタード・ケア」そのまま訳すと人を中心としたケアということになります。これは、イギリス人のトム・キットウッドが提唱した考え方です。その人を取り巻く人々や社会と関わりを持ち、人として受け入れられ、尊重されていると、ご本人が実感できるように、ともに行っていくケアです。

この考えが出てくるまでは、認知症は病気としてのみ捉えられ、出現する様々な行動に対症療法的に対応方法を考えてきました。私たちはその"人"を見るのではなく、認知症の方が起こす様々な行動に着目し、どのようにすればその行動が治まるのか！　止まるのか！　と抑制することだけを考え、強いてはそのような行動を起こす認知症の方が原因なのだと認識していたのではないでしょうか？　このことは残念ながら、今なお介護の現場では起こっているのかもしれません。

●P.113のAさん(帰宅要求のある方)の例で考えてみると…

❶不安を受け止め「どうしましたか？」「家に帰りたいと感じているんですね」
　くつろぎ(安らぎ)

❷「家族のことが心配なんですか？」思いやりのある気持ち
　家族のことを気に掛ける優しさを認める(ともにあること、家族の一員であるということを認める)

❸一緒にできる《役割》(携わること)などで、『ここにいてよい』と認められ、大切にされる実感を得られる(愛着、結び付き)場面をつくる

●ここで重要なのは「パーソン・センタード・ケア」の認知症の方の心理的ニーズから考えることです(右頁…P.117の図7参照)。

- くつろぎ(安らぎ)が感じられるような対応はできていますか？
- アイデンティティ(自分が自分であること)が理解できるような環境になっていますか？
- 愛着・結び付きをもてていますか？
- 携わることはできていますか？
- ともにあることはできていますか？

と考えると、自分たちの対応で足りていないところが見えてくるかもしれません。一番重要なのは、この心理的ニーズなのです。困ったときにはこのニーズが満たされているか考えてみましょう。

ⓑ認知症とともに生きる人の心理的ニーズ
（認知症ケアに困ったら、これが満たされているか考えてみましょう）

くつろぎ（やすらぎ）とは
これは、暖かい配慮や親密感をその人が感じられるように接することである。

アイデンティティ（自分が自分であること）とは
アイデンティティとは、自分自身のことをどう感じているか、どう考えているか、さらに、自分が誰であるかをわかっていることである。

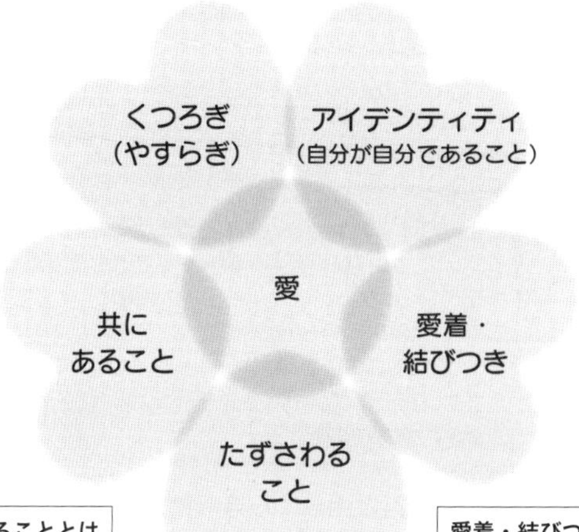

```
        くつろぎ        アイデンティティ
       （やすらぎ）    （自分が自分であること）

                    愛

        共に                     愛着・
       あること                  結びつき

                たずさわる
                  こと
```

共にあることとは
グループの一員であることは、人が生きてゆくために重要なことである。

たずさわることとは
たずさわることとは、人生で起きる様々なことと、自分が関わっているということです。

愛着・結びつきとは
人間はまさに社会的な生き物であり、特に強い不安や変化にさらされたときには、誰か他の人々と結びついていると感じることが必要である。

図7：『DCM(認知症ケアマッピング)理念と実践』第2版 認知症介護研究・研修大府センター (2012)より転載

II-⑤ ②の手順表内、え・おを考えるために

川を渡って対岸の認知症の方の元へ
大きな川が流れていて、対岸に認知症の方がいて、私たち介護職はこちらから対岸におられる認知症の方を見ていろいろと考え、何もできないと思っているのは以前のケアです。私たちが川を渡って対岸に行き、そこで認知症の方と同じ所に立って思いを考えていく……これが今の認知症ケアの考え方だと思っています。

え「支援方法を考える」ときに知っておきたい視点など

■寄り添うケアとは?
　寄り添うということはどのようなことでしょうか？　笑い話ではありませんが、「私たちはそんなにずっと寄り添っていくことなんて無理です」とおっしゃった方がおられました。寄り添うとはずっとそばにいるということではありません。私は寄り添うということは、ひと言で言うと認知症の方の立場に立って考えることなのではないかと思います。認知症の方の立場に立って考えるために、傍らでその方の行動や言葉を観察することもそうなのかもしれません。「早く落ち着いてくれないかな？」「もういい加減にしてよ！」とか思いながらそばにいるのは、認知症の方の立場に立って考えているわけではないと思いませんか？　「認知症の方の立場に立つ」と簡単に言えても、大変難しいことなのです。まず、第一歩は認知症の方がどのような思いでいるかということを考えることから始まります。

■「どうすればいいの?」と困ってしまったら…
　自分だったらどのような対応・声掛けをしてほしいと思うのか考えてみるのも一つの方法です。自分が嫌だなと思うことは、認知症の方も嫌なのです。反対に自分がこうしてほしいと思うことは、もしかすると同じことなのかもしれません。人によって差がありますので、全てうまくいくかは分かりませんが、人として嫌なことは嫌ですし、こうしてほしいと思うこと、例えば嫌な顔をせず優しく接してほしいなどは、皆同じなのではないでしょうか？

■信頼関係を築く一番は「挨拶」…
　ある研修で、ＢＰＳＤが発症している要因を考えたとき、「信頼関係がないからではないか？」という返事が戻ってきました。では、信頼関係はどうすれ

ば築けるのか？　職員と一緒に考えた結果は、まずは「きちんと挨拶しよう」でした。きちんととは、通りすがりに「おはようございます」と言うのではなく、ご本人の目の前に立って目線を合わせて、ご本人が職員を認識してくれてから「○○さん、おはようございます！」と言うことです。これが、なぜ信頼関係の構築に役立つのか？　それは認知症の方を、自分を必要としてくれている、自分がここにいることを認めてくれている、という思いにさせているのかもしれません。お互いを認めて承認し合うことになるのだと考えます。これは介護の基本です。ＢＰＳＤが発症している方だけでなく、ほかの方にもきちんと挨拶ができれば、その施設はすばらしい施設になると思います。

■認知症の方を以前と同じように家族として

　サポーター養成講座などで、私がご家族から「うちのおばあちゃんは大声も出さないし、いつも笑顔で助かっています」と言われたことがありました。私は、すかさずそのご家族に「おばあちゃんの立場に立って対応されているからではありませんか？」とお聞きすると「昔からの性格や好みが分かっているから言えなくなっても今までと同じようにしているの」と。私は、すばらしい家族だと思いました。認知症の人を今までと同じように家族の一員として捉えていました。人としての対応ができているのだと思い、介護とはそうあるべきだと再認識させてもらいました。

■生活を支援するということ

　「認知症だから」という理由で生活が変わっていくのをよく見掛けます。例えば、施設などで見掛けるプラスチックのコップ。認知症の方にとってなじみのある物なのでしょうか？　割れるから、危ないからと、介護職の都合で使われているのです。見慣れない物の中に何が入っているのか分からない。それをこわごわ持つことになるのです。私は陶器を使うことが必要だと思い、できれば今まで使っていた湯飲みを持って来てもらってお茶を飲んでいただくことを提案します。熱いお茶が入っているのは経験で分かっているわけですから両手で持ってゆっくりとすするように飲まれます。陶器は割れるものです。陶器が割れたときに私たちがどう対応するのかさえ考えていれば、何も問題はないと思います。生活を支援するということは、今までの生活をどのようにすれば継続できるのか、工夫を凝らし考えていくことなのではないかと考えています。

■リスクの優先を見直して

　認知症の方が「散歩に行きたい」と言われ、今時間がないから……人がいないから……と、諦めさせていませんか。その認知症の方は本当に一人で散歩に行けないのでしょうか。今の環境や状況だけで、「できない」という判断をしてしまっていると思うことがあります。「散歩に行きたい」と訴える認知症の方に、まず一人でどこまで行けるか、できることできないことを把握し（一緒に認知症の方の思うままに歩いていただきました）、できることを確認し、家族の了解を得て一人での散歩をその方の生活の中に組み込みました。黙って出て行かない（職員に言ってから）、必ず「私のカード（施設の電話番号や名前などを記載）」を持って行くことを約束しました。すると、その方の生活は一変し、表情も変わりました。

■その既存のケア方法は、その人に合っているか？

　認知症の方が「家に帰りたい」と訴えられる場合、私たちは「なぜだろう？」「どういう思いでおっしゃっているのか？」と、その方の思いを探ろうとし、その結果、「多分何もすることがなく、ここにいていいのか？」と思われているのでは……と推測できたとしましょう。すると、何かすることと考え、今ある施設での仕事（例えばよくあるのが、おしぼりやタオル畳み）をしてもらおうとするのはどうでしょうか？　認知症の方は、タオル畳みをしたいと思っておられるのでしょうか？

　ここで、アセスメントが重要となります。今までされてきたことやお好きなこと、できること、得意としていることなどから、認知症の方にとって何がしたいかを考えないといけません。それが、支援する根拠となります。

　今あることだけにとらわれず、ご本人にとって何がしたいことなのか考えていきましょう。

「実践する」に当たって知っておこう

■困っているBさんにどう向き合う？

　私たち介護職が、Bさんに対して「困ったBさん」とレッテルを貼って接している間はなかなか向き合えないと思います。でも何かに困っていて、私たち介護職に訴えているのだと思い、接してみると何か認知症の方の表情が違うように感じてくることがあります。まずは、その人を知ろうと思って向き

合ってください。その人のことを知ろうと思わなければ、私たちにはその人が見えてきません。情報は勝手に私たちの所にやって来ません。

私たちが取りに行かなくてはならないのです。いろいろな工夫を悪戦苦闘した中で、見えてくる情報もあります。

■適切な対応で認知症の方は落ち着く

施設に入所している認知症の方のご家族に「ここに来てから認知症が治ったのでしょうか？ すごく穏やかになったのです。家にいるときは、大声を出したりウロウロしたりして目が離せなかったのですが、職員さんに聞いてもそんなことはないようです。何よりも表情が変わりました」と言われました。認知症が治ったわけではありません。その施設がその認知症の方に合った適切な対応をされていたことで落ち着かれたのだと思います。

■介護職は認知症の方の通訳に

全く言葉の通じない国を旅行するとしたら、誰でも通訳を必要としませんか？ 認知症の方が感じている世界は私たちと話(言葉)の通じない世界なのかもしれません。そんな中で通訳がいれば、安心して生活できるはずです。だから、私たちは通訳にならないといけないのです。単に単語を変換するだけでなく、その国の習慣や常識、法律など(認知症の方にとっては生活歴や性格、習慣、対処スタイルなど)多くのことを知った上で通訳していかないといけません。認知症の方のことを知った上で初めて通訳ができるのではないでしょうか。

■認知症の方たちの世界を理解する

言葉の通じない外国で自分が一人だったら……同じ日本人に出会ったら、全く知らない人でもうれしくなりませんか？ 私の主観なので根拠のあることではないのですが、認知症の方同士の会話は、私たちにはよく分からないけれど、ご本人たちは穏やかに話をされているということを経験することがよくあります。きっと何かホッとされるものがあるのかもしれないと思います。お互いに同じようなことを感じ取っている世界なのではないでしょうか。ですから、ホッとされるのかもしれません。そうした世界を理解していこうとすることも必要なのかもしれません。

Ⅱ-⑥ ②の手順表内、か・きを考えるために

P.110「考えていく手順」の6・7番目
か=実践した方法を評価=振り返り
き=認知症の方の言葉の変化と困り事や生活の変化を振り返る
について考える上で、大変効果的な方法を示します。

ケアカンファレンスをホワイトボードを使って行ってみましょう!

　ホワイトボードを活用したケアカンファレンスの例としては、2003年に開発されたホワイトボード・ミーティング[※1]という会議手法があります。介護の現場で、BPSDに困っている職員が何か方法を探る一つとしてホワイトボードを使ってカンファレンスをすることを提案します。

　認知症のBPSDが発症しているCさんに関わっている全ての職員に集まっていただくのがよいでしょう。Cさんのことに関しての情報が共有できる(可視化)、自分たちで支援の方法を決めることができる(支援の方法が決まるまでの過程にご本人の思いがあぶり出されてくる)など、私はこのことが一番重要だと思います。認知症の方の立ち位置に立って支援の方法を考える良い方法だと実感しています。

<方法は…>ホワイトボードの前に全員が椅子を持って集まります。
①ホワイトボードに書く人、今困っている職員(話す人)を決めます。
②話す人は、現状を話します(何でも構いません)。
③書く人は、言われたことをそのまま書きます。書く人は、書くことに徹します(自分の意見は言わず、質問もせず)。
④一応、話が終わったら、参加者の方にほかの情報がないか聞きます。それも書き込みます。
⑤ここで、このケースのゴール(このような生活を送ってほしいなど)を決めます。
⑥ご本人の困り事、キーパーソンの困り事、担当者の困り事を書き出します。
⑦アセスメントスケール(右頁表内の**6**で"翻訳"というのがあります。これは、ご本人の言葉や行動がどういうことを意味しているのか背景を探っていくことになります)に沿って、皆で確認をしていきます。
⑧どのような支援が考えられるのか、皆で考え、実行に移すに当たってしなくてはならないことを決めていきます。

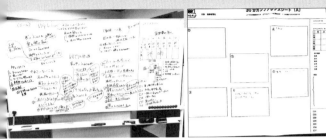

ホワイトボード・ミーティング® 例

ホワイトボード・ミーティング®アセスメントスケール
ケア・サポート会議（左頁①〜⑥の後に）

❶ 生命・身体の危険（ご本人や登場人物全て）に関する情報を探し赤色で
① ＿＿＿＿ と数字を書いて線を引きます。

❷ ご本人のプレッシャーになる情報を探し赤色で② ＿＿＿＿ と数字を書いて
線を引きます。

❸ キーパーソンのプレッシャーになる情報を探し赤色で③ ＿＿＿＿ と数字を
書いて線を引きます。

❹ ご本人に過刺激になる情報を探し、赤色で④ ＿＿＿＿ と数字を書いて線を
引きます。

❺ 強みの情報（好きなこと、得意なこと、普通にできていること、できて
いたこと）を探し、青色で⑤ ＿＿＿＿ と数字を書いて線を引きます。

❻ 言葉や態度の意味を翻訳します（仮説を立てる）。出てきた情報から強
み二つ、課題二つ程度を選び、青色で吹き出しを書いて⑥とし、考え
る「翻訳」を書いてみます。

※ホワイトボード・ミーティング®アセスメントスケールより抜粋（ホワイトボード・
ミーティング®アセスメントスケールは10のプロセスで構成。本書では❶〜❻のみ抜
粋掲載）。

※1 ホワイトボード・ミーティング®
2003年にちょんせいこ(株式会社ひとまち代表)が開発した効率的、効果的な会議の
進め方。医療、福祉、子育て支援など、幅広い領域で取り組まれている。
https://wbmf.info/ 参考文献『元気になる会議〜ホワイトボード・ミーティング®
のすすめ方』 解放出版社　ちょんせいこ(2010)

ケアに困ったらコレ！　魔法のシート！

「センター方式C-1-2」のシートを使ってみよう!

　センター方式には多くのシートがありますが、全てのシートを使わなくても1枚からでも取り組めます。皆さんが「認知症の方のことを知りたい」「どのように感じておられるのだろう」と、認知症の方の思いを探るときに私がお勧めするのは、まず取り組みやすいC-1-2のシートです。

　できれば、この1枚のシートをチーム（その方に関わっている全てのスタッフ）で書いてみてください。

❶A3ぐらいに拡大する。

❷スタッフの前に広げて置く。

❸スタッフの一人（どなたでも構わない…例えばその方の担当者など）がシートの中央に認知症の方の絵を描く（大変重要なのでぜひ描いてください）。

※家に帰りたいとスタッフに訴えている認知症（BPSD症状）の方の状況や日常生活の絵など。

❹スタッフ全員が必ず知り得たことを一つのことでもよいので期間（例えば1週間）と決めて記入します（一度試してみると、なかなか書けないことを実感されることでしょう）。

❺完成したシートを基に、スタッフでカンファレンスを行いましょう。家に帰りたいと訴えているときは「どのような思いでいるのだろう？」などと、皆で考えます。

※P.126の記入例も参照してください。

　このシートを書くことをお勧めするのは、このシートにスタッフがひと言でも書こうとすると、認知症の方の所に行って話を聞かなくてはならないからです。しかし、具体的に質問をぶつけてもすぐに答えは返ってきません。スタッフなりに工夫して思いを聞こうとすることに意味があるのです。スタッフが入れ替わりやって来ると、認知症の方は、「あれっ！　どうしたのだろう！」と思われ表情が変わってきます。

　BPSDの症状があり、どうしてよいか分からなくて取り組んだはずなのに、このシートを書くうちにBPSDの症状が落ち着いたということがよくあります。今までいかに認知症の方に関わってこなかったのか！　ご本人のことを知らなかったのか！　知ろうと思っていなかったのか！　ということに気付かされます。

Ⅱ-⑥

C-1-2 心身の情報（私の姿と気持ちシート）　　名前　　　　　記入日20　年　月　日／記入者

◎私の今の姿と気持ちを書いてください。

※本人のふだんの姿をよく思い出して、まん中に本人の姿を描いてみよう。いつも身につけているものや身近にあるものなども書いておこう。
※本人の言葉や声を思い出しながら、ありのままを●を文頭につけて記入しよう。家族が言ったことは△をつけて記入しよう。
※一つひとつの●（本人の言葉や表情）について「本人がどう思っているのか」を考えてみて、気づいたことや支援のヒントやアイデアを、文頭に○をつけて記入しよう。
※C-1-1のような身体の苦痛を抱えながら、どんな気持ちで暮らしているのか考えてみよう。

私の姿です

私の不安や苦痛、悲しみは…

私が嬉しいこと、楽しいこと、快と感じることは…

私へのかかわり方や支援についての願いや要望は…

私がやりたいことや願い・要望は…

医療についての私の願いや要望は…

ターミナルや死後についての私の願いや要望は…

※支援者とは、本人を支える人（介護職、医療職、福祉職、法律関係者、地域で支える人、家族・親戚等）であり、立場や職種を問わない。

©認知症介護研究・研修東京センター（1305）

出典：認知症介護研究・研修東京センター・ダウンロード用資料「C-1-2」
　　　P.114参照…※センター方式シート集

125

魔法のシートの記入例

「私の姿と気持ちシート」C-1-2に記入してみよう！

- ご本人の今の姿と気持ちを書いてください。
- ご本人のありのままの声をできるだけキャッチして記入しましょう。
- 家族やスタッフの気付きはできるだけ根拠も添えて記入しましょう。

シート例　参考文献：『三訂　認知症の人のためのケアマネジメント　センター方式の使い方・活かし方』認知症介護研究・研修東京センター（2011）

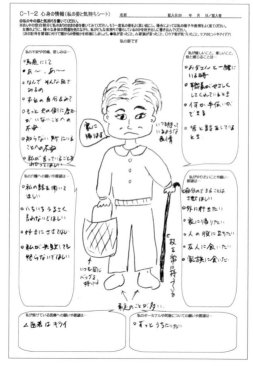

（平野作成）

最後に　～この本を読んでくださった方へ～

　この本は、皆さんが困っているであろうＢＰＳＤの対応について書かせていただきましたが、認知症ケアがＢＰＳＤの対応で全てとは思っていませんか？
　ＢＰＳＤが治まったからと言って、それで終わりというわけではありません。
　私は、認知症ケアとは、認知症の方がその人らしく生活できるよう支援していくことだと考えています。その人との関わりはＢＰＳＤから始まるかもしれませんが、その後、認知症の方の生活がうまく成り立っているだろうか、と考えることが重要ではないでしょうか？　生活を整えていくことでＢＰＳＤの改善につながったという例も多く経験しています。どうしてよいのか分からないとき、その人となりや生活という視点から考えてみるのも一つの方法だと実感しています。
　認知症の方が、今より少しでも質の高い生活ができるよう皆さんが支援してくださることを願っています。

平野　亨子

■本書参考文献等
- 『認知症介護実践者研修標準テキスト』　認知症介護研究・研修センター／監修　㈱ワールドプランニング(2016)
- 認知症サポーター養成講座標準教材『認知症を学び地域で支えよう』　全国キャラバン・メイト連絡協議会(2017)
- 『DCM(認知症ケアマッピング)理念と実践』第2版　認知症介護研究・研修大府センター(2012)
- 『大阪府認知症実践研修資料』(2016)
- 『ホワイトボード・ミーティング公式テキスト』　ちょんせいこ　㈱ひとまち(2016)
- 『見直し！認知症ケア　パーソン・センタード・ケアの実践』　石川　進　日総研出版(2016)
- 『三訂　認知症の人のためのケアマネジメント　センター方式の使い方・活かし方』　認知症介護研究・研修東京センター(2011)
- 認知症介護情報ネットワーク(DCnet)　http://www.dcnet.gr.jp/

著者：平野　亨子（ひらの・きょうこ）
訪問介護から始まり25年以上にわたって、通所サービス・居宅介護支援事業、施設の立ち上げ・運営等に役職としても深く携わり、早期より現場における認知症ケアに力を注ぐ。医療法人マックシール 巽病院介護老人保健施設 元・介護部長。現在、マックシールスクール顧問・専任講師。認知症介護実践研修・リーダー研修等で講師として活躍。 その他講演活動や執筆等多数。
認知症ケア上級専門士　介護福祉士　主任介護支援専門員。
大阪府認知症介護指導者　大阪府池田市介護認定審査会委員及びキャラバンメイト連絡会代表。
ホワイトボード・ミーティング®認定講師。

協力：前田　万亀子（まえだ・まきこ）
ライター・コーディネーター。一般社団法人PORO理事。CSねっと企画所属。

スタッフ
表紙装丁／曽我部　尚之（E-FLAT）　　表紙・本文イラスト／藤本　知佳子
編集協力　本文デザイン・レイアウト／森高　はるよ（アド・コック）・永井　一嘉
企画編集／安藤憲志

安心介護ハンドブック⑱

認知症のBPSD解決法
～よくある⑯症状…対応方法～

2018年3月　初版発行

著者　平野　亨子
発行人　岡本　功
発行所　ひかりのくに株式会社

〒543-0001　大阪市天王寺区上本町3-2-14
　　　　　　郵便振替00920-2-118855　TEL06-6768-1155
〒175-0082　東京都板橋区高島平6-1-1
　　　　　　郵便振替00150-0-30666　TEL.03-3979-3112
URL http://www.hikarinokuni.co.jp
印刷所　図書印刷株式会社
©Kyoko Hirano, Makiko Maeda・2018　　　　　　　　　　　Printed in Japan
ISBN 978-4-564-43128-9
C3036　NDC369.17　128P 15×11cm　　　　乱丁、落丁はお取り替えいたします。

本書のコピー、スキャン、デジタル化等の無断複製は著作権法上での例外を除き禁じられています。本書を代行業者などの第三者に依頼してスキャンやデジタル化することは、たとえ個人や家庭内の利用であっても著作権法上認められておりません。